노사, 비정규직 & 일자리

| 박영범 |

한성대학교 출판부

책을 내면서

필자는 '전환기, 한국 노동시장의 길을 묻다'(한성대학교 출판부, 2009년)를 출간하면서 노조활동이 자유화된 이후 2009년 5월까지 언론에 기고한 글들을 토대로 노동분야의 주요 현안의 내용, 배경 및 결과를 집중 분석하고 우리나라가 선진국으로 도약하기 위해 필수적인 노동시장 개혁의 대안을 제시하고자 하였다.

'전환기, 한국노동시장의 길을 묻다' 출간이후 우리나라 노동시장의 가장 큰 변화는 2010년 7월 1일부터 근로시간면제제도가 시행되고 2011년 7월 1일부터 사업장단위 복수노조가 허용되었다는 것이다. 13년간 3번의 유예 끝에 시행된 노사관계 선진화입법은 당초의 우려와는 달리 노사현장에 큰 마찰없이 정착되고 있다. 근로시간면제한도 준수율은 100%에 가깝고, 노노간의 큰 갈등이 없이 일부 사업장단위에서 복수노조가 설립되고 있다.

또한 이명박정부 들어서서 노사분규로 인한 근로손실 일수가 OECD 평균이하로 떨어지는 등 우리나라 노사관계 안정화기조가 더욱 강화되는 추세에 있다.

그러나 우리나라 노동시장에는 아직 난제가 많다. 우리나라가 글로벌 금융위기를 선도적으로 극복하였다고 하나, 비정규직 근로자는 오히려 늘어났고, 상대적 처우도 개선되고 있지 않다. 일자리는 늘어나고 있으나 청년들의 눈높이에 맞는 일자리는 기대하는 만큼 늘어나지 않고 있어 최근에는 반값 등록금 시위로 젊은이들의 분노와 좌절이 분출되고 있다.

노사, 비정규직 그리고 일자리는 현재의 우리나라 노동시장의 고민과 과제를 요약하여 보여주는 세 단어이며, 서로 깊은 연관이 있다.

이 책에서 필자는 2009년 6월 이후 2011년 9월까지 주요 언론에 기고한 60여편의 글을 노사, 비정규직, 일자리 세 가지 분야로 정리하여 2012년 초 시점에서 우리나라 노동시장의 고민과 대안을 제시하고자 한다.

필자가 2011년 10월 정부출연연구기관인 한국직업능력개발원 원장으로 취임하면서 당분간은 자유로운 언론 기고가 제약을 받을 수 밖에 없어 필자가 이 책에 가지는 애착은 크다. 끝으로 한성대학교의 연구비 지원에 감사드린다.

2012. 1

박영범

목 차

4장 일자리 | 173

5장 글로벌 금융위기 이후 경제 및 사회현안 | 197

부록 신문사별 색인 | 231

표 목차

그림 목차

1장

들어가며

1장 들어가며

2012년 초 시점에서 우리나라 노동시장의 고민과 과제는 '노사, 비정규직, 일자리' 세 단어로 정리될 수 있으며 서로 상당한 연관 관계가 있다.

우리나라는 2008년 말 리만부라더스의 파산으로 촉발된 글로벌 금융위기를 가장 선도적으로 극복하였지만 일자리문제는 우리 사회의 가장 큰 화두가 되고 있다. 청년실업문제는 해결의 실마리가 보이지 않고 있고, 50대 이상 일자리는 늘어나고 있으나 질이 낮은 일자리에 집중되고 있다.

1997년 말 발생한 외환위기 이후 본격적으로 거론되기 시작한 비정규직은 글로벌 금융위기를 겪으면서 정규직 근로자의 고용안정에 대한 완충장치 역할을 충실히(?) 하였다. 그러나 글로벌 금융위기 발생이전보다 그 숫자가 늘어났을 뿐 아니라 상대적인 처우도 저하되었다.

일자리 창출은 전반적인 경제체질의 문제이나, 일단 진입하면 퇴출이 거의 되지 않는 대기업, 공공부분의 경직적 노동시장이 해결되어야 대기업의 소수 핵심인력 위주의 인력관리 관행이 타파되는 전기가 마련될 수 있다. 또한 정규직에 대한 과도한 보호가 완화되어야 열린 노동시장이 구축되어 좋은 일자리가 많이 생겨나 비정규직 근로자들도 좋은 일자리를 얻을 수 있는 기회가 생긴다.

노동시장의 유연성을 가로막는 대기업, 공공부문 노조의 이기주의가 극복되어야 좋은 일자리가 늘어나고, 결과적으로 비정규직도 줄어드는 선순환구조가 만들어질 수 있다.

이 책은 본장을 포함하여 5장으로 구성되어 있다. 2장에는 노사관계, 3장에는 비정규직, 4장에는 일자리, 그리고 5장에는 글로벌 금융위기 이후 경제 및 사회현안에 대한 필자의 생각과 글이 정리되어 있다. 각 장은 분야별로 필자의 생각을 정리한 글을 시작으로 필자가 언론에 기고한 글로 구성되어 있다.

2장

노 사

2장 노 사

우리나라 노사관계의 제도적 환경은 2010월 7월 1일부터 근로시간 면제제도가 시행되고 2011년 7월 1일부터 사업장 단위 복수노조가 허용되면서 근원적인 변화가 있었다.

1997년 노동법 개정시 즉각적으로 사업장 단위 복수노조가 허용되고 사용자의 노조 전임자에 대한 급여지급이 금지되면 우려되는 혼란스러운 상황을 준비하기 위해 관련조항이 몇 년간 유예되었다. 그러나 그 이후 추가적으로 2번 더 유예되어, 결과적으로 13년의 기간이 경과된 이후 법이 시행되게 되었다.

복수노조의 경우 교섭창구를 단일화하는 조항이 추가되었고, 사용자의 노조 전임자에 대한 급여지급을 전면적으로 금지하는 대신 근로시간 면제제도를 도입하여 노조 규모에 따라 근무시간 내의 일정 한도내에서 노조활동이 유급근로로 인정받게 되었다.

2010년 7월부터 시행된 근로시간면제도는 민주노총의 투쟁선언에도 불구하고 큰 노사마찰 없이 노사 현장에 잘 정착되고 있다. 2011년 9월 말 기준으로 근로시간면제제도 도입률이 95.2%, 한도 준수율이 99.6%이다.

우리나라 노사관계 전반적인 기조를 결정하는 완성차 4사의 경우 모두 근로시간 면제제도를 도입하고 법정한도를 준수하여 노조가 급여를 지급하는 전임자수를 합하여도 현대차가 52.8%, 기아차가 61.1%, 한국GM이 45.9%, 쌍용차가 59.0% 전임자수를 대폭 감소시켰다. 특히 현대차 노사가 2011년 단협협상에서 노조전임자를 기존 237명에서 법으로 정한 근로시간면제도 대상자의 한도인 26명으로 축소하여 제도가 정착되는 데 크게 기여하였다. 노조전임자의 급여를 조합비로 지불하는 무급전임자 85명을 합해도 기존의 노조전임자에 비해 절반 이상 전임자가 줄어들고 나머지 전임자는 생산현장에 복귀하기로 2011년 단체협상에서 현대차 노사는 합의하였다. 기아자동차(조합원 3만 239명, 민주노총)도 2010년 단협에서 노동부가 고시한 타임오프 한도에 맞추어 유급 전임자 21명, 무급전임자 85명으로 축소하였다.

복수노조 허용도 당초의 우려와는 달리 큰 혼란이 없이 사업장에서 정착되고 있다. 2011년 7월 1일 단위사업장 복수노조 허용 이후 2011년 9월 말 현재 498개의 노조가 설립신고를 하였다. 시행 초기인 7월에는 하루 평균 10.4개의 노조가 설립되었으나 8월에는 3.5개, 9월에는 2.3개가 설립되어 안정국면에 접어들고 있다.

[그림 2-1] 복수노조 허용이후 일평균 노조 설립신고

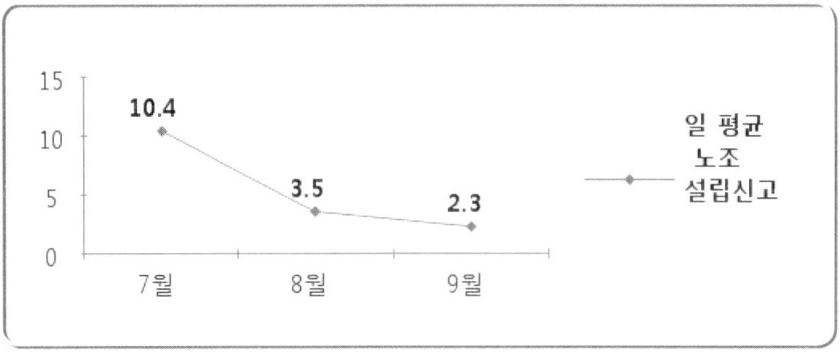

제도 시행 3개월 만에 500여개의 노조가 새로이 설립되었으나 비조합원을 대상으로 새로이 설립된 노조보다는 기존노조에서 분화된 노조가 많다. 신규노조 72.7%가 양대노총에서 분화되었으며 상급단체가 없는 사업장의 노조에서 분화된 노조는 47개, 9.4%이고, 무노조기업에서 새로이 노조가 설립된 경우는 17.9%, 89개이다. 새로이 설립된 노조중 상급단체를 선택한 노조는 72개, 14.5%에 불과하다. 설립신고 노조 중 각 사업장 전체 노조 조합원의 과반수를 차지한 노조는 111개, 28.7%이다. 민주노총 분화 노조(129개)중 65개(50.4%), 한국노총 분화 노조(163개)중 34개(20.9%), 미가입 사업장 노조중 분화노조는 10개(21.7%)이다.

〈표 2-1〉 복수노조 허용이후 과반수 신생노조 규모별 분석

구 분	한국노총	민주노총	혼 재	미 가 입 (독립노조)	계
분화 노조(A)	163	129	49	46	387
조합원 과반수 노조(B)	34 (30.6)	65 (58.6)	2 (1.8)	10 (9.0)	111 (100)
B/A(%)	20.9	50.4	4.1	21.7	28.7

무주 : 노조 사업장 설립 노조, 초기업 노조, 기존노조 해산 등의 경우는 제외

복수노조 허용 이후 현재까지의 양상을 보면 우려와는 달리 노노간의 갈등에 따른 혼란은 크지 않고 우리나라 노동운동이 상급단체 중심의 정치적 노동운동에서 벗어나 현장 중심의 합리적, 실리적 노동운동으로 변화되는 단초를 제공하는 계기가 된 것으로 보인다. 특히 새로이 설립된 노조중 72.7%가 한국노총과 민주노총 소속 노조에서 분화되었으나 양대 노총에 가입한 노조는 14.5%에 불과하다는 사실은 우리나라 기존 노동운동이 새로운 활로를 모색하여야 한다는 것을 강력히 시사하고 있다.

우리나라 노사관계는 전반적으로 안정화 단계에 접어들고 있다. 노사분규 발생건수는 2004년 462건으로 정점에 이른 후 2005년 287건, 2007년 115건, 2008년 108건, 2009년 121건, 2010년 86건으로 크게 감소했다. 노사갈등에 의한 근로손실일수도 2008년 80만9천일, 2009년 62만6천일, 2010년 51만천일로, 2002년의 158만일에 비해 대폭 줄어들었다.

[그림 2-2] 노사분규 추이 (1998-2011)

이명박정부 출범이후 우리나라 노사관계는 안정화 기조가 더욱 강화되는 추세에 있다. 분규건수 및 분규로 인한 근로손실 일수는 더욱 줄어들어 2011년의 경우 노사분규는 9월까지 46건이 발생하여 전년동기 (61건)에 대비하여 24.6% 감소하였다. 분규로 인한 근로손실 일수는 37만 2천일로 전년동기 (37만 8천일) 대비 1.6% 감소하였다. 임금교섭도 예년에 비해 순조롭게 진행되어 2011년 9월 14일 기준 임금교섭 진도률은 47.9%로서 전년동기 29.7%에 비해 빠르게 진행되고 있다.

[그림 2-3] MB정부 출범이후 노사분규 건수 및 근로손실 일수 (2008-2011)

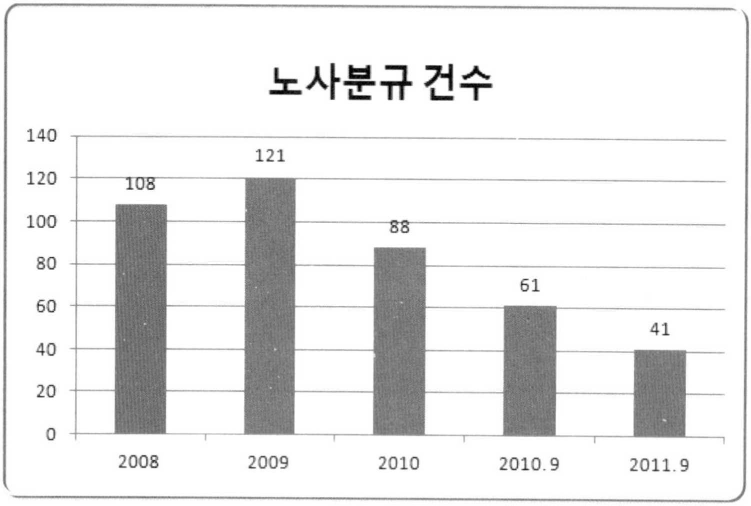

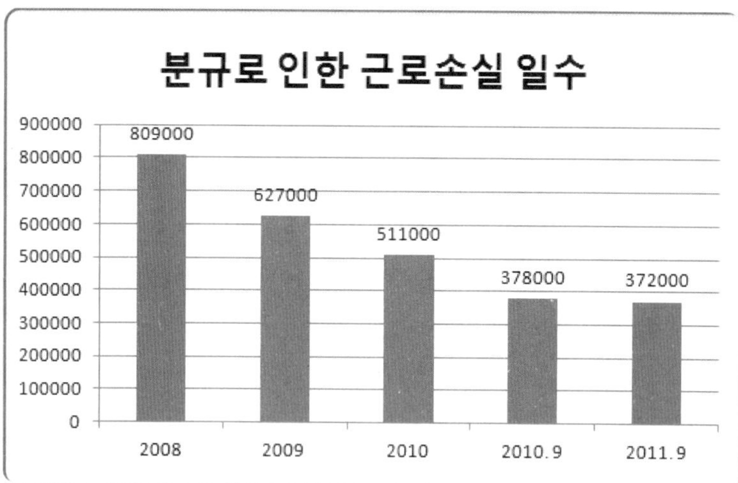

노사상생 선언이 급격히 증가하는 등 글로벌 금융위기로 경제가 어려워지면서 투쟁보다는 상생으로 난관을 극복하려는 변화의 바람이 노사현장에서 불고 있는 것이다. 2009년 경제위기 속에서 6,000개가 넘는 기업이 임금을 동결하거나 노사협력 선언을 하였다. 현장의 고민은 고용안정인데, 투쟁일변도의 노동운동은 현장과 중앙의 노동운동간의 괴리감을 더욱 크게 할 뿐이라는 것을 이번 경제위기를 통해 배운 경험이다.

경제위기는 극복되었지만 노사관계 안정화기조가 유지되고 있는 것은 투쟁에 앞장서는 노조는 현장에서 설자리를 잃어 가고 있다는 것을 시사하고 있다.

우리나라 전체 근로자중 노조원은 10%이며, 대기업 및 공공부분에 노조가 집중적으로 조직되어 있기 때문에 노조부분의 근로자는 상대적으로 혜택받은 계층이라고 할 수 있다. 공기업 노조들의 '배부른 연대파업'이나 한미 FTA를 반대하는 정치파업에 대한 일반 국민들의 시각은 더욱 싸늘해지고 있는 것이 최근의 노사관계 안정화기조에 반영되고 있다.

대기업, 정규직 노조가 더 변해야 한다. 글로벌 경쟁시장에서 노조위원장이 앞장서서 영업활동을 하고 완벽한 품질과 납기 준수를 보증하는 사례가 더욱 늘어나야 한다.

정규직에 대한 과도한 보호가 완화되어야 열린 노동시장이 구축돼 좋은 일자리가 많이 생겨나 비정규직 근로자들도 좋은 일자리를 얻을 수 있는 기회가 많이 생길 수 있는데, 현재는 대기업, 정규직 노조가 이를 가로 막고 있다.

공공부문도 노사가 합심하여 효율화를 추진하는 개혁적 조직문화가 형성되어야 한다. 공기업이 노사간 담합구조를 깨트리고 스스로 변화하고 선진화할 때 정권이 바뀔 때 마다 공공부분 개혁이 중점추진 국정과제의 단골메뉴가 되는 일이 사라질 것이다.

끝으로 우리나라 노사관계 선진화를 가로 막는 장애요인의 하나는 노사문제에 대한 제3자나 정치권의 과도한 개입이다. 최근의 한진중공업 사태와 같이 회사측의 정리해고와 직장폐쇄 조치가 정당하다는 법원의 판결이후에도 정치권이 앞장서서 정치적인 해결을 촉구하는 사례가 반복된다면 결국은 그 피해는 근로자들에게 돌아가게 된다. 책임질 수 없는 행동으로 판을 키워 사태 해결을 더 어렵게 한 사례는 구조조정을 반대하는 77일간의 쌍용차 노조의 공장 불법점거, 외환위기 이후 발생한 대우자동차 파업 등 많이 있다.

1. 타임오프 토대 다진 현대차 노사[1)]

8월 26일 현대차 노조가 54.2%의 찬성으로 회사와 노조가 합

1) 한국경제 〈시론〉 (2011. 9. 8)

의한 임단협안을 수용함으로써 현대자동차의 올해 임단협이 마무리되었다.

우리나라 최대 노조가 있는 현대차의 임단협은 우리나라의 전반적인 노사관계에 대한 영향이 매우 크기 때문에 매년 많은 관심을 받아왔다. 특히 올해의 경우 작년 7월 1일부터 시행된 근로시간면제제도가 현대차에서도 잘 정착될 수 있을지가 초미의 관심사였다.

올해 현대차 노사가 합의한 주요 내용을 보면 정액으로 임금을 9만 3000원 (기본급과 기본수당을 합친 통상급여대비 4.45%) 올리고, 성과급 및 격려금으로 일시적으로 통상급여의 300%와 700만원 및 자사주 35주를 지급하고, 근로시간면제도를 수용하면서 노조전임자를 축소하는 것 등이다. 이번 합의로 현대차 노조원은 일인당 약 2,000만원의 혜택을 받게 된다.

2010년도에 통상급여를 7만 9000원 올리고 일시적으로 통상급여의 300%와 700만원 그리고 자사주 30주를 지급한 것과 비교하면 회사측에서 상당히 파격적인 양보를 한듯하나 2009년에 기본급을 동결하였고, 작년과 올해의 글로벌 시장에서의 현대차의 눈부신 약진에 비추어 보면 성장의 과실을 노사가 나눈 것으로 볼 수 있다.

현대차의 영업이익은 2010년에 3조 2000억원이었고, 2011년 상반기에만 3조 9000억원이다.

현대차 올해의 임단협 결과의 의미는 크게 두 가지로 볼 수 있다.

우선 무분규로 임단협이 3년째 타결되었다는 것이다. 현대차 노조는 우리나라의 대표적인 강성의 전투적 노조로서 재작년에 분규가 없이 교섭을 마무리하기까지는 연례적으로 파업이 발생하였다. 앞서서 기아차 노사가 2년째 무분규로 교섭을 타결하였는데, 현대차 노사의 3년 무분규 타결은 우리나라 노사관계를 안정화시키는데는 기여할 것이다. 현대차 노사는 앞으로도 노사현안을 대화와 양보로 풀어나가는 노사협력의 기반을 더욱 공고히 하여야 한다.

노조가 노조전임자를 기존 237명에서 법에서 정한 근로시간면제 대상자의 한도인 26명으로 축소하기로 한 것은 작년부터 시행된 근로시간면제제도를 정착시키는데 크게 기여할 것으로 평가된다.

노조전임자의 급여를 조합비로 지불하는 무급전임자 85명을 합하여도 기존의 노조전임자에 비해 절반 이상 전임자가 줄어들고 나머지 전임자는 생산현장에 복귀함으로써 노조원위에 군림하는 노조집행부가 아닌 노조원을 위해 봉사하는 노조로 거듭나는 전기가 되었다. 현대차는 오는 10월부터 현장으로 복귀하는 126명의 노조전임자들이 생산 현장에서 제 역할을 다 할 수 있도록 적극 지원하여야 할 것이다.

현대차 노사가 지난해에 이어 올해에도 사회공헌기금 40억원을 출연하고 소상공인을 돕고자 총 110억원 상당의 명절선물비를 재래시장 상품권으로 지급하기로 한 것도 의미가 있는 일이다. 사회적 약자를 배려하는 현대차 노사의 사회적 책임 정신이 다른 기업 노사에게도 확산되어야 하며 현대차 노사는 향후에도 이와 같은 사회적 책임 기조를 더욱 강화되어야 한다.

올해 현대차 노사합의에서 가장 눈에 띠는 점은 사내하청업체 근로자 및 비정규직 근로자에 대한 노사차원의 배려이다.

현대차가 노사합의이후 즉각적으로 올해 가을 사내하도급 업체와의 도급 단가계약에서 원청업자로서 사내하도급 근로자에 대한 처우를 적극적으로 개선하는 노력을 보인 것은 긍정적이다. 현대차는 사내하청업체의 도급단가 계약에서 사내하도급 근로자의 기본급을 현대차 정규직 근로자와 동일하게 9만3000원 올리고 일시금으로 통상급여의 300%와 525만원 지급하는 조치를 취하였다. 현대차는 지난 몇 년간 지속되어 온 사내하청업체의 처우와 근로조건을 개선하는 이와 같은 노력을 향후에도 지속적하여 지난 7월 정부가 발표한 사내하도급 근로자 보호 가이드라인을 모범적으로 준수하는 자세를 보여야 한다.

2. 주민도 노사도 원치 않는 '희망버스'[2)]

한진중공업 영도조선소에서 6개월 넘게 고공농성을 벌이고 있는 김진숙 민주노총 지도위원을 지원하기 위해 '제3차 희망버스'가 30일 출발한다고 한다. 부산의 조그만 영도섬이 다시 한번 큰 소용돌이에 휘말릴 것 같다.

조남호 한진중공업 회장의 국회 청문회 출석을 강력히 요구하고 있는, 부산 영도구가 지역구인 김형오 전 국회의장은 한 언론매체와의 인터뷰에서 "'제3차 희망버스'는 출발하지 않는 것이 희망을 남기는 것"이라고 했다. '제2차 희망버스'가 영도섬을 방문했던 지난 9일 밤부터 10일까지 장대 같은 비가 내렸음에도 불구하고, 시위대가 남긴 오물과 쓰레기의 악취 그리고 경찰과 시위대의 충돌로 생긴 최루액 냄새가 온 영도섬을 며칠간 덮었다고 한다.

'희망버스'에 대한 영도구민, 부산시민들의 반대는 분명하다. 부산시장, 부상상의 회장, 부산시의회 회장, 부산 영도구청장 등은 지난 13일 합동기자회견을 통해 '제3차 희망버스'를 강력히 비난했다. 부산경제살리기시민연대는 "부산 경제와 영도주민에 고통을 주는 행사가 열리면 안된다"고 호소했다. 특히 본격적인 휴

---

2) 한국경제 〈시론〉 (2011. 07. 27)

가 시기인 30일에 대규모 집회를 개최하면 부상 경제와 관광산업에 큰 피해를 줄 것을 지역 주민들은 우려하고 있다.

영도조선소 근로자들도 자신들의 노사분쟁에 외부세력이 개입하지 말라는 집회를 가졌다. 김진숙 민주노총 지도위원은 한진중공업 근로자가 아니다. 한진중공업의 전신인 조선공사에서 노동운동을 하다 해고됐고, 해고된 지 10여 년이 지나 한진중공업을 상대로 부당해고구제 신청을 냈다가 대법원에서 패소했다. 부산지법은 지난 1월17일 김진숙 씨에 대해 강제퇴거 결정을 내렸다.

민주노동당, 진보신당, 금속비정규투쟁지부, 노동해방실천연대 등 42개 좌파 정당 및 시민사회단체들로 구성된 희망버스기획단은 몇 달간의 노사갈등 끝에 어렵게 정상화의 길로 접어든 한진중공업 경영상황을 더욱 어렵게 해 회사로 하여금 정리해고를 더 할 수밖에 없는 상황으로 몰아가고 있다.

2006년 이후 한국과 중국에서만 120개가 넘는 조선소가 설립되는 등 공급과잉 상황에서 2008년 글로벌 금융위기의 직격탄을 맞은 세계 조선업계는 현재 초대형 컨테이너선을 건조할 수 있는 대형조선소만이 경쟁력이 있다. 협소한 부지 때문에 대형 컨테이너선을 건조할 수 없는 구조적 한계로 인해 한진중공업은 국내 대형선사들에 비해 1인당 조립량은 최저수준이나 노무비율은 높아 원가경쟁력이 떨어진다.

한진중공업이 2008년 8월 이후 특수선을 제외하고 수주를 하지 못해 구조조정을 단행할 수밖에 없었다. 이것이 해외에 조선소가 있으면 정리해고를 하지 못한다는 기존의 노사합의에도 불구하고 부산지법이 지난 6월13일 한진중공업의 정리해고를 적법한 것으로 판결한 근본적인 이유다.

희망버스기획단에 참여하는 단체의 하나인 '정리해고 비정규직 없는 세상 만들기'가 지향하는 대로 정리해고, 비정규직 없는 세상은 우리 모두 바라는 것이다. 그러나 정리해고가 필요한 상황에서 정리해고가 지연된다면 결국 더 많은 근로자들이 정리해고 당하는 상황을 만들 뿐이다. 한진중공업은 노조 파업이 끝난 직후에 아시아 지역 한 선사와 2억5000만달러의 건조의향서를 체결했다. 그러나 외부 힘에 의해 노사 안정이 흔들린다면 언제든지 해지될 수 있고, 결국 한진중공업은 현재 남아 있는 인력에 대해서도 구조조정을 할 수밖에 없게 될 것이다.

대기업들이 해외에 공장을 지어 국내 일자리를 해외로 빼돌린다며 강하게 비판하고 있는 손학규 민주당 대표도 '제3차 희망버스'를 타지 않았다. 시위로 정리해고나 비정규직 문제를 해결할 수 없다는 현실인식이 있기 때문이다. 영도 지역 주민도 한진중공업 노사도 원하지 않는 '희망버스'를 출발시켜 현실성 없는 요구나 구호가 난무하는 대규모 시위를 하는 것은 지역주민과 한진중공업 근로자들에게 절망만을 안겨줄 뿐이다.

3. 복수노조와 비노조 경영[3)]

지난 1일부터 사업장 단위 복수노조가 허용된 후 14일간 208개의 노조가 설립 신청을 했으나 큰 혼란은 없어 복수노조 제도가 연착륙하는 듯하다. 그러나 비노조 경영을 추구하는 일부 기업에서는 노조 설립과 관련해 부당노동행위 논란이 있는 등 시끄러운 소리가 들린다.

노조가 어떤 역할을 하는가는 시대적 상황이나 특정 국가에 따라 달라질 수 있지만 사용자들은 일반적으로 노조가 없는 것을 선호하게 된다. 과거 산업화 초기에는 노조 결성을 이유로 많은 탄압이 있었으나 민주화된 선진국가의 경우 노동3권이 보호되기 때문에 노조 결성을 저지하기 위해 사용자들이 적극적으로 할 수 있는 일은 많지 않다.

1980년대 이후 경제의 글로벌화가 확대되면서 나타난 현상 중 하나는 대부분의 나라에서 노조원 수가 감소했다는 것이다. 기업들은 격화되는 경쟁에서 살아남기 위해 효율성을 강조하고 필요한 경우 비노조 경영을 보다 적극적으로 추진했다.

강력한 노조가 결성돼 있으면 참여와 협력에 기반을 둔 포용전략 하에 고성과 작업장을 만들려는 노력을 했다. 또 노조가 있

3) 국민일보 〈경제시평〉 (2011. 7. 24)

는 사업장에 투자를 줄이고 노조가 없거나 약한 지역으로 공장을 이전하는 기업도 늘어났다. 특히 노조를 포용하는 고성과 작업장의 성과가 크지 않다는 것이 판명되면서 노조 기피 전략을 택하는 기업 비중이 커지고 있는 추세다.

미국과 일본의 경우 노조조직률이 하락하고 있는 것은 공통적이나 비노조 기업이 늘어나는 원인에는 뚜렷한 차이가 있다. 미국의 경우 노동운동의 세력이 약화되면서 사용자들의 노조에 대한 적대적 성향이 강화되고 남부로의 공장 이전, 적극적 노조 대응 전략의 결과로 노조 세력이 더욱 약화됐다. 일본의 경우는 노조 결성에 대한 사용자의 적대적 태도나 저항을 조직률 하락의 원인으로 보기는 어렵다. 노조 유무에 따른 임금 격차가 크지 않고 임금유연성이 상당히 높으며 비노조 기업에서도 발언형 종업원 조직이 활성화돼 있어 사용자들이 노조 결성에 저항할 유인이 크지 않기 때문이다.

미국과 일본의 사용자들이 노조 결성에 대한 대응 방식이나 성향에서 차이를 보이는 이유 가운데 하나는 비노조 경영의 제도적 환경이 다르기 때문이다. 근로자의 단결권을 침해하는 행위를 규제하는 부당노동행위 금지 제도는 애초에 미국에서 출발한 것이나 일본은 노동기본권이 헌법에 기본권으로 규정돼 있는 반면, 미국은 헌법이 아닌 하위 법률에 규정돼 있다.

우리나라도 헌법에 노동3권이 규정돼 있는 등 법제도적 환경이 일본과 유사하므로 기업 단위에서 비노조 경영을 적극적으로 시도하는 것은 매우 어렵다. 우리나라 기업이 비노조 경영을 추구한다면 미국 기업들과 같이 노조 설립에 적대적으로 대응하기보다는 일본 기업들처럼 발언형 종업원 조직을 활성화해야 한다. 기업 내 원활해진 노사 간 커뮤니케이션을 통해 '정보의 비대칭성'과 '불만'을 해소함으로써 생산성과 수익성을 향상시키는 방향으로 나아가는 것이 바람직하다.

노조는 긍정적 역할을 할 수 있다. 현장 목소리를 경영층에 전달함으로써 조직의 효율성 제고에 기여할 수 있기 때문이다. 비노조 경영을 추구한다면 노조의 긍정적 역할을 여러 대의기구를 통해 사용자가 대신함으로써 근로자들이 노조를 결성할 필요가 없도록 하는 경영을 해야 한다.

비노조 경영을 추구하면서 고성과를 실현한 한국 미국 일본의 기업들을 보면 공통적으로 구성원의 목소리를 들으려는 노력을 적극적으로 하고 있다. 비노조 경영을 공격적으로 추구하고 있는 미국 기업들도 직원들의 고충처리 및 욕구 파악 책임을 관리자에게 지우고 적절히 대처하지 못할 경우 해고를 포함한 인사조치를 단행한다. 갈등적 노사관계 환경 속에서 노사 협력을 실현한 우리나라 기업들을 보면 사용자의 신뢰경영 의지 및 실천과 함께 다양한 의사소통 채널 확보 노력이 노조 유무에 관계없이 노사 협력을 위해 필요하다는 것을 확인할 수 있다.

4. 제 3者가 왜 한진重 흔드나[4)]

지난 10일 한진중공업의 정리해고 철회를 요구하는 '희망의 버스(희망버스)' 참가자들 중 일부가 부산역 집회를 마치고 한진중공업 영도조선소 진입을 시도하다 경찰과 충돌하고 심상정 전 진보신당 대표 등 42명이 집회와 시위에 관한 법률 위반 혐의로 불구속 입건되는 사태가 벌어졌다. 지금까지 두 차례에 걸쳐 희망버스 행사를 주도한 노동계는 3차 희망버스 참가자를 모집하기로 결정했다고 한다. 이번에는 지난 두 차례보다 많은 1만여명의 참가자를 모집할 계획이어서 더 큰 충돌이 우려된다. 지난 6월 27일 정리해고에 반대하는 5개월 넘은 농성을 종료하고 회사를 정상화하기로 합의한 한진중공업 노사로서는 기가 막힐 일이다.

국회 환경노동위원회가 '한진중공업 경영상 해고 및 노사관계 관련 문제 해결을 위한 청문회'를 열어 조남호 한진중공업 회장을 청문회 증인으로 채택하는 등 한진중공업 정리해고 문제는 이미 정치쟁점화된 사안이나 한진중공업의 정리해고는 법원에 의해서도 적법한 것으로 결론이 났다.

부산지방법원은 지난 6월 13일 한진중공업의 정리해고와 2

---

4) 세계일보 〈시론〉 (2011. 7. 12)

월 13일 단행된 사측의 직장폐쇄가 정당하다고 판단하고 농성 중인 한진중공업 파업 근로자들에게 영도조선소에서 퇴거하라고 판결했다. 희망버스 참가자들이 경찰과 충돌까지 하며 영도조선소에 진입해 면담하려고 했던 김진숙 민주노총 지도위원에 대해서도 법원은 이미 퇴거 명령을 내린 바 있다. 김 위원은 6개월 넘게 영도조선소의 고공크레인을 불법으로 점거하고 농성하고 있지만 김 위원은 한진중공업 근로자가 아니다. 한진그룹이 한진중공업을 인수하기 전인 노태우정부 시절 (당시 극동그룹 계열사였던) 대한조선공사에서 노동운동을 벌이다 해고된 사람이다.

한진중공업의 연간 매출액은 2조7000억원으로 부산경제에서 차지하는 비중이 매우 크다. 장기간 파업으로 큰 어려움을 겪고 있는 많은 협력업체를 위해서도 조속히 정상화돼야 한다. 5개월이 넘는 파업을 마감하고 노사가 힘을 합쳐 조선소의 경쟁력을 키워야 하는 시점에서 외부 세력이 개입해 불필요한 충돌을 일으키고 '난장판'을 만들어서는 안 된다.

시장경제체제, 특히 글로벌 경쟁이 치열한 조선업에서 정리해고를 물리적으로 막을 수는 없다. 한진중공업은 2008년 이후 전체 건조 물량의 80%를 차지하는 상선을 한 건도 수주하지 못하고 있다. 법원이 노사가 해외공장이 있는 한 정리해고를 하지 않겠다는 2007년 3월의 노사합의에도 불구하고 한진중공업의 정리해고를 불가피하다고 판단한 것도 현재의 인력구조로는 회사 전체가 위험해 져서 남아 있는 1400명의 근로자들 생계도 위협받을 수 있다고 보았기 때문이다.

우리나라는 정리해고의 요건, 절차 등을 규정한 정리해고관련 법을 노사합의를 바탕으로 이미 10여년 전에 제정해 회사가 불가피하게 정리해고를 해야 하는 경우 근로자의 권익을 최대한 보장해 주고 있다. 한진중공업도 정리해고 전에 희망퇴직자를 모집해 퇴직금 외에 22개월분의 급여를 추가로 지급한 바 있다. 한진중공업 농성사태는 희망퇴직에 응하지 않고 정리해고된 170여명이 주도해 일으킨 것이다. 다행히 농성을 자진해 풀고 회사 정상화에 노사가 동참하기로 합의한 것을 외부세력, 특히 법을 만드는 국회의원까지 개입해 무력화하려고 한다는 것은 있을 수가 없다.

파업 타결 후 9일 만인 지난 6일 한진중공업은 아시아선사와 중형 컨테이너선 4척을 총 2억5000만달러(약 2700억원)에 건조하는 의향서를 체결해 회사 정상화의 길이 열렸다. 내년도 총선과 대선을 의식한 외부세력이 개입해 모처럼 맞은 경영정상화가 발목 잡히는 사태가 있어서는 안 된다.

5. 복수노조 시대의 개막[5)]

지난 1일 13년간 4번의 유예를 거쳐 사업장단위 복수노조가 시행되자 이틀간 112개의 복수노조가 설립신고를 한 후 주춤해져 일부의 우려와는 달리 아직 큰 혼란은 없다. 112개의 노조 가운데 한국노총과 민주노총 소속 노조에서 분화된 노조가 80%에 가까운데, 상급단체를 선택하지 않은 노조가 103개에 달한다. 이는 많은 노조가 양대 노총 모두에 실망하고 있다는 것을 나타낸다. 택시, 버스사업장 노조가 절반이 넘는 61개로, 사업주가 노조를 관리하려는 경향이 강하고 사업주와 노조 집행부의 유대관계가 유독 강한 교통업체의 기존 노조에 일반 노조원들이 상당한 불만을 가지고 있는 것을 보여주고 있다.

노사관계 선진화 입법을 주도한 한나라당 의원 50여명이 복수노조 허용을 유보하는 개정안을 법 시행 바로 전인 6월에 낼 정도로 혼란을 우려했으나 연착륙하고 있는 것은 초기의 혼란을 최소화할 수 있는 제도적 장치를 법 자체가 가지고 있기 때문이다.

한 사업장에 여러 개의 노조 설립이 허용되나 교섭창구는 단일화되어야 한다. 자율적 단일화가 되지 않고 과반수 노조가 없는 경우 노동위원회가 노조원 수에 따라 노측 교섭위원을 배분

---

5) 국민일보 〈경제시평〉 (2011. 7. 10)

하여 공동교섭단을 결정하여 준다. 노조가 있는 경우 조직원 대부분이 기존 노조에 가입해 있는 현실에서 기존 노조의 과반수 대표성을 깨뜨릴 수 있는 노조원을 확보하기는 쉽지 않기 때문에 새로운 노조를 설립해도 큰 실익이 없다.

7월 1일 이전에 체결된 단체협약의 경우 유효기간이 종료될 때까지 기존노조가 소수노조가 된다 할지라도 유효하다. 새로운 노조가 설립되어 다수노조가 된다 할지라도 노사협의회에서 노측 대표의 역할을 할 수 있으나 기존 임금협약이나 단체협약이 만료될 때까지 기존 단협의 개정을 요구할 수 없다. 법 시행 전에 일부 기업에서 기업에 우호적인 소위 '알박기' 노조를 설립한 부작용이 있기는 하나 이 조항이 복수노조가 설립된다 할지라도 기간에 걸쳐 완만하도록 하는 효과가 있다.

법 시행이 확실해진 지 1년 반이 넘었기 때문에 사용자 측은 많은 준비를 해왔다. 그동안 사측은 근로자들의 불만요인을 제거하고 복지를 강화하며 다양한 소통채널을 구축하고 공감대 형성을 위한 교육·훈련을 실시하는 등 여러 가지 노력을 해왔다. 최근 성과주의 인사제도를 지향하는 어느 기업에서 성과 부진자에게도 일정부분의 인센티브를 보장하도록 임금체계를 개편한 것은 복수노조 허용을 의식한 조치로 보인다.

노조 설립이 혼란을 우려할 정도는 아니지만 물밑에서는 활발한 움직임이 있다. 서울지하철노조가 주도하고 있는 제3의 노총인 국민노총(가칭)은 이달 안에 설립을 공식 선언할 계획인데, 이미 복수노조 설립신고서를 제출한 인천지하철노조 등 공기업 노조들이 합류할 것으로 보인다. 전투적 성향의 민주노총 계열의 사업장에서는 합리적 성향의 노조가 설립되고, 민주노총 사업장에서 온건성향의 노조로 집행부가 바뀐 사업장에는 민주노총 노조 설립 움직임이 있다. 양대 노총이 복수노조 설립의 최우선 공략대상으로 삼는 것으로 알려진 삼성과 포스코에는 아직 노조 설립 움직임이 포착되고 있지 않지만 사측의 공세에 견딜 수 있는 강한 노조를 설립하기 위해 철저한 준비를 하고 있는 듯하다.

법 시행 전에 실시한 설문조사에 의하면 단기적으로 복수노조가 설립될 가능성이 있는 사업장은 7~14%, 중장기적으로 복수노조가 설립될 가능성이 있는 사업장은 31~37% 정도인 것으로 나타났다. 법이 가지고 있는 안전장치 등에 기인하여 시행 초기 복수노조 설립은 예상보다는 덜 하겠지만 기간에 걸쳐 더욱 활발해질 전망이다.

복수노조 허용은 우리나라 노동법제도를 글로벌 기준에 맞추고 노조 간 건전한 경쟁을 유도하여 노조활동가가 아닌 노조원을 위해 일하는 노조를 만들기 위한 것이다. 노조와 회사, 그리고 회사 구성원이자 노조 조직원인 근로자들의 현명한 판단과 선택에 의해 큰 혼란 없이 복수노조제도가 자리잡는 것이 국민들의 바람이다.

6. 勞使 문제에 정치권 개입 말라[6)]

13일 부산지방법원이 회사측의 가처분 신청을 받아들여 5개월 넘게 영도조선소를 점거한 채 농성 중인 한진중공업 노조원들에게 퇴거하라고 판결함으로써 엉킨 실타래가 풀릴 것 같던 한진중공업 사태가 정치권의 개입으로 미궁으로 빠져들고 있다. 22일 국회 환경노동위원회는 오는 29일 '한진중공업 경영상 해고 및 노사관계 관련 문제 해결을 위한 청문회'를 열기로 결정했다. 이날 전체 회의에 조남호 한진중공업 회장이 불참하자 조 회장을 포함한 4명을 청문회 증인으로 채택했다.

법원은 정리해고의 긴박한 필요성이 없고, 정리해고와 관련된 기존의 노사 합의사항을 위반했으므로 회사측이 2월14일 단행한 직장폐쇄의 정당성이 없다는 노조의 주장을 이유가 없다고 판단했다.

한진중공업이 2년이 넘게 전체 건조 물량의 80%를 차지하는 상선을 한 건도 수주하지 못하고 있고, 지난해 517억원의 단기

6) 문화일보 〈포럼〉 (2011. 6. 24)

순손실이 발생하는 등 재무상태가 악화되고 있으며, 영도조선소가 필리핀의 수빅조선소나 동종 업계 경쟁 회사에 비해 구조적으로 경쟁력이 한계가 있다는 판단에서 법원은 고용인원을 감축할 긴박한 경영상의 이유가 있다고 봤다. 한진중공업 노사가 2007년 3월 해외 공장을 운영하는 한 조합원의 정리해고를 하지 않기로 합의했으나 합의 체결을 전후한 2006년 20척, 2007년 15척이었던 선박 수주가 급감해 2008년 9월 이후 한 건도 수주하지 못했고, 회사가 인력 조정을 위해 노조와 성실히 협의한 점을 고려해 법원은 기존 협약의 효력이 유지될 수 없는 사정 변경이 됐다고 판단했다.

회사측의 정리해고 및 직장폐쇄 조치가 정당하다는 법원의 판결 이후 한진중공업 노조지회장은 영도조선소를 방문한 정세균 전 민주당 대표에게 "3년 동안 정리해고를 포함한 구조조정으로 회사는 노동자를 죽음으로 몰아넣고 있다"며 적극적인 해결을 촉구했다.

하지만 정치권의 개별 노사 문제 개입은 결코 바람직하지 않다. 근본적인 문제 해결 없이 남의 눈을 의식한 땜질식 처방이 될 수밖에 없기 때문이다. 노조가 정치권이나 외부 세력에 기대어 문제를 해결할 수는 없다는 사실을 인식해야 한다. 2009년 정리해고된 근로자와 외부인들이 77일간 공장을 불법으로 점거했던 쌍용자동차 파업의 가장 큰 피해자는 쌍용자동차 근로자였다. 결국은 정리해고를 받아들일 수밖에 없었고, 대외 신인도도 큰 타격을 입어 회생하는 데 더 많은 고통을 겪어야 했기 때문이다.

정리해고의 즉각 철회를 촉구하는 야 3당이나, 5개월 넘게 클레인 고공시위를 벌이고 있는 김진숙씨, 희망버스 참여 등을 통해 한진중공업 노조에 대해 지지를 보내고 있는 배우 김여진씨의 이야기는 호소력이 있으나 오히려 사태를 악화시키고 있다. 실현되기 어려운 대안으로 파업 노동자들이 부질없는 희망을 가지게 할 수 있기 때문이다.

한진중공업을 방문한 이채필 고용노동부 장관의 이야기처럼 정리해고의 정당성에 대한 법원 판결이 나온 이상 정부는 '사태해결 때까지 계속 기다릴 수는 없으며… 지역경제의 파급력이 크다면 공권력 투입을 검토할 수 있다'.

개별 기업의 노사 문제를 공권력으로 해결하는 것은 매우 비극적이고 후유증도 크다. 한진중공업 노조는 정치권이나 외부세력에 기대지 말고 회사와 합의점을 찾는 방안을 강구해야 한다. 희망퇴직을 받아들이지 못하고 정리해고 투쟁을 하고 있는 170여명의 조합원도 중요하지만 현장에 남아 있는 1400여명의 회사 직원도 생각해야 한다.

불법 파업으로 회사 정상화는 더욱 어려워지고 있다. 회사도 성심껏 대화에 임해 해결책을 찾아야 한다. 정치권은 책임질 수 없는 행동으로 판을 키워서 사태 해결을 오히려 더 어렵게 만들어서는 안된다.

7. '제3 노총'이 '제1 노총' 되는 길[7)]

지난달 29일 서울지하철노조는 조합원 53%의 찬성으로 민노총을 탈퇴하기로 결의했다. 민노총 탈퇴에 대해 대의원의 60%는 반대했지만 현장 조합원의 반수 이상은 찬성했다. 이는 조합원의 이익을 도외시해온 우리 노동운동의 현실을 반영하고 있다. 서울지하철노조의 과거 투쟁, 최근의 쌍용차·이랜드 사태에서 보듯이 강경 일변도의 투쟁은 노조 상층부의 정치적 진출을 도와줄 뿐이고, 조합원들에게 굴욕적인 패배만을 준다는 생각을 현장 조합원들이 가지게 된 것이다.

지난 1987년 12월 민주화 열기 속에서 설립된 서울지하철노조는 민노총의 전신인 전노협의 중추조직으로 1995년 민노총 설립에 주도적 역할을 했다. 서울지하철노조는 1989년 사장 퇴진을 요구하는 파업을 하는 등 설립 이후 10여 차례 불법파업을 했고, 175명이 징계를 받았다. 그러던 서울지하철노조가 민노총을 버

---

7) 조선일보 〈시론〉 (2011. 5. 5)

렸다는 사실은 투쟁적이고 전투적인 노동운동에 염증을 느낀 조합원들의 의식변화를 반영한 것이다.

지난 2008년 외주용역, 서비스지원단 운영 등 공공부문 구조개혁에 동의할 수밖에 없었던 상황은 서울지하철노조 조합원들로 하여금 정부의 정책결정에 참여함으로써 명분도 쌓고 실리를 얻을 수 있다는 생각을 갖게 했다. 이런 노력으로 서울메트로는 지방공기업 평가에서 1위를 차지했다. 노조는 "회사가 이 같은 성적표를 받아들 수 있었던 것은 우리의 성과"라고 스스로 평가했다.

서울지하철노조의 민노총 탈퇴로 서울지하철노조, 과거 민노총의 핵심세력이었으나 이미 민노총을 탈퇴한 현대중공업노조, KT노조 등이 주축이 되어 기존의 한국노총 · 민노총과는 별개의 제3 노총 설립 움직임이 본격화될 것이다. 2009년 현재 우리나라 164만명의 노조 조합원 가운데 20%인 30만명은 한노총이나 민노총 같은 상급단체에 속해 있지 않다. 이들과 7월 1일부터 시행되는 사업장 단위 복수노조 제도로 대형사업장에서 설립될 것으로 예상되는 제2 노조 등이 제3 노총에 동참한다면 노동계에는 상당한 지각변동이 일어날 것으로 전망된다.

제3 노총(가칭 '국민노총') 추진 세력은 '노조의 이념투쟁화 배격' '교섭구조의 개혁' '노동운동의 사회공헌 책무 강화' '노조의 도덕성 · 투명성 · 전문성 강화' '노조의 일상활동 개혁' 등 5대 지표를 제시하고 있다. 대립과 갈등보다는 상생(相生)과 협력의 가치를 반영하겠다는 합리적 노동운동 기조를 유지하고, 노조의 도덕성과 투명성을 강화하겠다는 방향을 추구한다. 하지만 제3 노총에 밝은 미래만이 있는 것은 아니다. 제3 노총 설립을 주도하는 노조들도 비정규직 문제를 외면하는 등 기득권 유지에 급급해 기존의 틀을 벗어나지 못하고 있다. 또 서울지하철노조도 민노총 탈퇴에 반대했던 47%의 조합원이 제2 노조를 설립해 그 세력이 약화될 가능성도 있다.

이런 어려움을 극복하려면 채용이나 파업을 담보로 돈을 챙기는 노조들의 도덕성 추락 등을 회복하기 위해 노조 회계에 외부 감사제도를 도입하고, 비정규직 등 소외계층에 자기희생적 대안을 제시해야 한다. 또 제3 노총이 공언한 대로 노동귀족과 노동계급만을 위한 노동운동을 지양하고 조합원을 섬기는 노조간부, 국민과 소통하는 노동운동을 실현해야 한다. 그래야 '제3 노총'이 '제1 노총'으로 발전할 수 있을 것이다.

8. 노사 경쟁력 평가 문제있다 8)

스위스 국제경영개발원(IMD)의 세계경쟁력평가 결과가 이달

---

8) 서울경제 〈시론〉 (2011. 5. 1)

발표된다. 지난 2010년의 경우 우리나라 국가경쟁력은 평가대상 58개국 중 23위로 전년도 27위와 비교해 4순위가 상승했다.

해외로부터 자본유치가 필요하고 대외의존도가 큰 우리나라로서는 매우 반가운 소식이었으나 기업경영효율 분야의 노사관계 순위는 조사대상 58개국 중 56위로 평가돼 세계 최하위수준에 머물렀다. 노사관계 경쟁력은 2008년에는 55개국 중 55위, 2009년에는 57개국 중 56위로 평가됐다. 각 국가의 경쟁력을 평가해 발표하는 다른 국제기관인 세계경제포럼(WEF)에서도(매년 10월경 발표) 우리나라 노사관계 경쟁력은 2008년 134개국 중 95위, 2009년 133개국 중 131위, 2010년에는 139개국 중 138위였다.

그러나 국제기관이 발표하는 우리나라 노사관계 경쟁력평가는 일부 갈등구조가 상존하고 있지만 안정기조로 접어든 우리나라 노사관계의 최근 추이를 잘 반영하지 못하고 있다. 2000년대 우리나라 노사분규 발생건수는 2004년 462건으로 정점에 이른 후 2005년 287건, 2007년 115건, 2008년 108건, 2009년 121건, 2010년 86건으로 크게 감소했다. 노사갈등에 의한 근로손실일수도 2008년 80만9,000일, 2009년 62만6,000일, 2010년 51만1,000일로, 2002년의 158만일에 비해 대폭 줄어들었다.

노사관계 국제경쟁력 지수가 현실을 제대로 반영하지 못하는 것은 주관적 평가를 객관화해 순위를 매기는 IMD지수와 WEF지수의 구조적 한계에 기인한다.

IMD지수의 경우 삼성경제연구소(SERI)에서 SERI 최고경영자(CEO)급 회원 약 1,000명을 대상으로, WEF지수는 KAIST 동문 및 KAIST 내 설치된 최고위과정 등록자를 대상으로 설문 조사해 '노사관계가 대립적인지 협력적인지' 평가하도록 하고 있다.

IMD지수와 WEF지수 모두 노사관계 이해당사자 중 CEO가 평가하는 노사관계 경쟁력평가라는 한계 외에 대표성에도 문제가 있다. 2010년의 경우 IMD지수는 설문대상자 1,000여명 중 e메일로 응답한 94명, WEF지수는 우편설문조사에 응한 130명의 답변에 기초해 우리나라 노사관계 경쟁력을 평가한 것이다.

IMD는 주관적 평가의 한계를 보완하기 위해 노동분규에 따른 근로손실일수를 노사관계 경쟁력 평가의 다른 하나의 척도로 제시하고 있는데 이 또한 3년 평균 통계치를 사용해 현 실태를 반영하기에는 한계가 있다.

2010년 우리나라 노사관계는 IMF외환위기 이후 가장 안정된 모습을 보였다. 노사분규 발생건수는 전년대비 29% 감소했고 근로손실일수는 전년대비 19% 줄어서 근로자 천인당 근로손실일수는 경제협력개발기구(OECD)국가의 평균 이하로 떨어졌다. 사업장 혹은 지역에서는 노사협력선언 역시 4,012건으로 전년도 2,672건에 비해 대폭적으로 증가했다. 특히 완성차 3사, 철도 등 핵심사업장의 임단협이 무파업으로 마무리되는 성과가 있었다.

노사관계선진화입법에 따라 시행된 근로시간면제제도도 당초 우려와는 달리 연착륙한 것으로 평가된다. 대상사업장의 86%에서 법을 준수해 면제대상자에 합의했다.

국가경제의 70%를 대외에 의존하는 우리나라로서는 권위 있는 국제기관이 평가하는 국가경쟁력 지수에 민감할 수밖에 없다. 이에 정부는 기획재정부가 주축이 돼 지난해 경제분야를 중심으로 '한국판 IMD국가경쟁력지수'를 발표하기도 했다.

IMD와 WEF를 대신해 설문조사를 시행하는 삼성경제연구소와 KAIST는 국가경쟁력 지수의 국가적 의미를 고려해 노사관계경쟁력 지수의 구조적 한계를 개선하고 대표성을 제고시키려는 노력을 적극적으로 해야 한다. 또한 설문조사 응답자들 역시 조사의 한계 및 평가결과의 의미를 잘 이해하고 설문에 응해야 할 것이다.

그러나 무엇보다 필요한 것은 협력적인 노사문화의 분위기를 확산시키고자 하는 노사의 노력이다. 그것이 과거 대립적으로 인식됐던 노사관계에 대한 부정적 인식을 개선시킴으로써 우리 노사관계를 선입견에 기대지 않고 객관적으로 판단할 수 있도록 하는 근본적 해결책이다.

9. 어이없는 현대차 노조[9)]

20일 현대자동차 노조는 대의원대회에서 올해 사측에 요구할 단체협약안을 통과시켰다. 현대차노조의 단협요구안에 따르면 정년퇴직자와 25년 이상 장기근속 직원의 자녀가 현대차 입사를 원하면 채용규정상 적합한 경우 우선 채용해야 한다. 또 기존의 단협이 3월 말로 만료됨에 따라 새로이 도입해야 하는 타임오프제를 전면 거부하면서 쟁의행위 발생을 결의했다. 현대차 노조의 '세습채용' 요구와 타임오프제 전면거부는 귀족노조의 극단적 이기주의의 전형적 사례이다. 우리나라가 일자리 문제를 해결하기 위해 가장 시급한 것은 노조에 의해 보호되는 대기업의 정규직 노동시장을 열린 노동시장으로 바꾸는 것이다.

강력한 노조에 의해 보호를 받는 대기업 근로자들은 일자리가 안정되고 처우도 좋아 신이 나지만 과도한 고용보호는 결국 나라 전체의 일자리가 줄어드는 결과를 가져온다. 1980년대 경제불황을 극복한 1990년대의 미국과 서유럽의 경제성과는 차이가 없었으나 유럽의 고용 창출 실적은 저조했다. 경기불황 시 고용조정의 어려움을 경험한 서유럽의 기업이 경기가 좋을 때도 사람을 새로 쓰는 일은 최소화했기 때문이다.

---

9) 세계일보 〈시론〉 (2011. 4. 25)

대기업에 일단 들어가면 회사 사정이 어려워도 인원을 정리하는 것이 매우 어렵고 개인적인 잘못을 해도 노조에 의해 보호받기 때문에 우리나라 대기업은 필요한 인력을 최소화하면서 사업영역을 확장해 왔다. 지난해 7월 대법원 판결에 의해 다시금 사회 현안으로 부각한 사내 하도급 근로자 문제도 사실은 경기불황시 인원조정의 완충장치로 활용하고자 하는 현대차 노조의 이기주의와 비정규직을 통해서라도 고용유연성 확보가 절실한 회사 측의 이해관계가 맞아떨어지면서 더욱 심각해진 것이다.

1990년대 말 외환위기 이후 높아진 노동비용과 강력한 노조의 대응 방안으로 대기업이 핵심인력만을 정규직으로 활용하면서 넓은 의미에서는 이들 비정규직 근로자도 대기업의 수익 창출에 기여하며 같은 사업장에서 일하지만 처우는 떨어지는 불합리한 현상이 발생한 것이다. 현대차 노조는 우리 노동시장의 경직성을 고착화하는 고용세습 요구를 즉각 철회하고 사회 전체가 좋은 일자리를 많이 만들기 위해 반드시 필요한 노동시장 유연화에 앞장서야 한다.

현대차는 이번 4월부터 타임오프제 적용 사업장이 됐으나 노조가 법정 전임자 24명을 확정하지 않아 사측은 기존 전임자 235명에게 무급휴직 발령을 낸 상태이다. 노조원을 위해 활동하는 노조전임자의 급여는 노조원들이 지급하는 것이 당연한 것이며 이는 세계적인 추세이다. 다만 우리나라는 기업별 노조 구조하에서 노조전임자의 급여를 사용자가 지급해온 관행이 과거 수십년간 지속돼 왔다. 그러나 이를 부당노동행위로 처벌하면서 일정시간의 노조활동을 유급근로로 처리하도록 법을 개정한 것이다. 지난해 7월 도입된 타임오프제는 지금까지 잘 정착되고 있다. 지난해 11월 고용노동부 발표에 따르면 2010년 10월 말 이전 단협 만료 사업장 1553개소의 79.5%인 1235개소에서 면제한도를 도입하기로 잠정합의했고, 면제한도를 초과한 사업장은 2.8%인 35개소에 불과하다.

우리나라 노조 중 조합원 수가 가장 많은 현대차 노조는 사실상 근로시간면제를 회사 측에 요구할 필요도 없다. 조합원들이 내는 조합비로도 적정수의 노조전임자 급여 지급과 조합활동이 가능하기 때문이다. 현대차 노조가 타임오프제를 전면 거부하기보다는 오히려 노조전임자 전원의 급여를 노조원들이 자체적으로 지급하는 것이 우리나라 최대 노조로서 바람직한 자세이다. 현대차는 올해 사내하도급, 주간 2연속교대제 도입, 노조지부의 산별노조 편입 등 해결해야 할 노사 문제가 산적해 있다. 현대차 노조가 대형 노조의 사회적 책무를 자각하고 이성을 회복하기를 기대한다.

10. 영원무역 사태의 교훈[10)]

최근 방글라데시의 영원무역 공장에서 발생한 근로자들의 소요로 수백 명의 사상자가 발생한 사태는 우리나라 해외진출 기업의 미래에 대해 많은 생각을 하게 한다. 특히 영원무역은 현지에서 17개 공장을 가동하며 근로자 3만 6,000여명을 고용하는 등 상당히 성공한 기업으로 국내에 알려져 있어 충격이 더욱 컸다.

우리나라 해외진출 기업이 물의를 일으킨 경우는 과거에도 적지 않았다. 2000년대 초반 스리랑카에서는 경영이 악화한 우리나라 업체 50여 곳이 현지 정부에 내야 하는 사회보장세 부담금을 납부하지 않고 근로자 임금까지 체불한 채 야반도주한 적이 있다. 이 때문에 현지 근로자들에게 막대한 피해를 입혀 외교 현안으로 비화했다. 중남미에 진출한 봉제업체가운데 일부는 현지 법률을 잘 지키지 않을 뿐만 아니라 노조 결성을 무리하게 저지해 국제노동기구(ILO)에 제소됐다. 이들은 북미 자유무역협정(NAFTA) 위반으로 미국 정부에도 제소됐다.

지난 20여 년 간 우리 기업, 특히 중소기업들은 개발도상국의 저렴한 인건비에 의존하여 수출경쟁력을 확보하기 위해 아시아

10) 한국일보 〈한국시론〉 (2010. 12. 17)

및 중남미 국가에 진출하여 상당한 성공을 거뒀다. 우리나라에서 사양산업으로 지목돼 퇴출 대상이던 봉제와 신발 업종의 많은 기업들이 저개발국가에 공장을 설립해 그간 축적한 기술 과 경영 경험을 바탕으로 경쟁력 있는 글로벌 기업으로 발돋움했다. 노동집약적 업종이고 초글로벌 기업 나이키나 리복 등의 협력회사이지만, 많게는 수 만명의 진출국 인력을 활용해 한국에서 보다 훨씬 회사를 발전시킨 해외진출 중소 기업은 자랑스러운 존재였다.

그러나 우리 기업들은 중국 연안지방에서 인건비 등의 상승으로 채산성이 맞지 않으면 베트남이나 중국 내륙지방으로 공장을 이전하는 것과 같은 해외진출 전략을 추구했다. 저렴한 인건비를 따라 여러 개발도상국을 옮겨 다니는 우리 해외진출 중소기업들은 그 존립기반이 점점 취약해 지고 있는 현실이다. 개발도상국들의 경제발전이 진전되면서 현지 근로자들의 처우와 복지 개선에 대한 욕구가 높아지고 이를 집단적으로 해결하려는 움직임이 활발해졌다. 특히 중국 등 일부 국가에서는 외국계 기업의 근로자 처우를 노조를 통하여 개선하려 하고 있다.

아시아나 중남미 국가로 진출한 우리 중소기업인들은 대부분 근로자들의 집단적 행동이나 노조 활동에 대해 좋지 않은 경험과 인식을 갖고 있다. 그러나 우리나라의 압축성장 과정에서 근로자들의 목소리를 과도하게 억제해 아직도 그 후유증에서 벗어나지 못하고 있는 현실을 교훈 삼아야 한다. 해외진출 기업들이 개발도상국에서 경쟁력 있는 기업으로 더욱 발전하기 위해서는 경영 패러다임을 바꿔야 한다.

해외에 진출한 많은 우리 중소기업들은 점심식사 등 과거 우리나라가 개발도상국이던 시절에도 근로자들에게 제공했던 한국형 복지 혜택마저 현지 근로자들에게 베풀지 않고 있다. 현지 공장의 한국인 관리자들은 현장근로자들의 목소리를 듣기 보다는 우리보다 못사는 나라 국민이라고 무시하고 억누르려고 하는 경향이 강하다. 현지 근로자들이 우리의 경영문화를 이해할 수 있는 기회를 많이 만들고 우리 관리자들도 현지의 관습과 문화를 이해하도록 노력해야 한다.

이번 방글라데시 영원무역의 노사 갈등은 최저임금 수준의 상향조정에 따라 초임은 올라간 데 비해 경력직 임금은 동결된 것에서 시작됐다. 많은 해외진출 우리 기업들은 과거 우리나라의 1960~70년대와 같이 자의적으로 현지 근로자들의 성과를 평가하고 급여를 결정하고 있다. 임금체계와 평가제도를 현지 근로자들이 수용할 수 있도록 운영해야 한다. 세계 여러 나라에 공장을 설립해 글로벌 경영을 할 만큼 성장한 우리 중소기업들도 이제는 글로벌 기업다운 인사·와 노무관리를 하는 것이 필요하다.

11. 해외 노무관리 정부도 나서라[11)]

지난주 방글라데시에 진출한 우리나라 투자 기업에서 발생한 노사분규로 3명이 죽고 수백명이 다친 사태는 해외에 진출한 우리 기업의 인사관리에 일대 혁신이 필요하다는 것을 보여준다.

해외에 투자한 기업들이 사업 초기 인력 관리에 어려움을 겪는 것은 대기업이나 중소기업이나 큰 차이가 없으나 중소기업의 경우 주로 인건비 절감을 목적으로 사전준비 없이 진출한 데서 비롯된 경우가 많다. 특히 베트남 중국 등 사회주의 국가, 회교국가 그리고 중남미 국가 등은 우리나라와 문화 및 근로 관행 등에서 많은 차이가 있음은 잘 알려져 있다. 그럼에도 불구하고 충분한 이해 없이 진출한 뒤 사소한 문제에서 시작된 노사갈등이 지역사회 전체로 번지는 사례가 여럿 있었다. 물론 우리나라 기업이 현지 정부나 주민들로부터 좋은 평가를 받고 있는 사례도 적지않다. 현대자동차 인도 공장의 경우 이들 업체의 직원이면 신분상의 제약인 카스트제도를 뛰어넘어 결혼 상대로 선택할 수 있을 정도다.

노사갈등으로 어려움을 겪고 있는 해외 진출 기업 중에는 한

11) 한국경제 〈시론〉 (2010. 12. 14)

국에서 노조활동이 활성화된 이후 노조를 피해 해외로 나간 경우도 많다. 이로 인해 일반적으로 근로자들의 집단적인 목소리나 노조를 인정하지 않는 경영관을 가지고 있고 이 같은 사용자들의 대(對)노조관이 정상적인 노사관계 형성을 어렵게 하는 원인의 하나가 되고 있다.

해외에 진출한 우리나라 기업의 인사관리 관행은 권위주의적 문화가 지배했던 1960~70년대 국내에서의 인사관리 관행과 유사하다. 우리 기업들의 해외 진출이 본격화된 지 20여년이 지났지만 이 같은 인사관리 특성은 크게 변하지 않았다. 개발도상국가의 근로자들도 자국의 경제발전이 이뤄짐에 따라 임금 및 복지에 대한 기대수준이 높아지고 근로조건을 개선하기 위한 자주적인 활동에 보다 큰 관심을 가지게 된다.

이는 우리나라 근로자들이 과거에 그러했듯이 자연스러운 현상이다. 또한 중국 베트남 등 일부 국가에서는 최근 들어 자국인 근로자의 권익 옹호를 위해 외국계 기업에 노조 결성을 의무화하고 있는 추세이다.

현재 국제사회에서는 다국적기업의 사회적 책임이 강조되면서 이를 어떤 형태로든 규범화하려는 움직임이 점차 가시화되고 있다. 따라서 국내 협력회사와 동반해 해외진출을 하고 있는 대기업을 포함한 우리 기업들도 이에 대비할 필요가 있다. 미국의 스포츠용품회사인 나이키는 과거 개발도상국 협력회사들의 노동 착취를 방치했다가 전 세계적 불매운동에 직면한 곤혹스러운 경험이 있음을 반면교사로 삼아야 한다.

해외에 진출한 우리 기업들은 우선 현지 근로자들의 집단적인 목소리를 수렴할 수 있는 제도적 장치를 마련해야 한다. 유사 노조 기능을 하는 조직과의 대화를 통해 현지 근로자의 근무 의욕을 고취시킴으로써 생산성 향상을 기대할 수 있으며 향후 적대적인 강성 노조의 출현도 예방할 수 있다. 우리 기업이 해외에서 노무관리에 어려움을 겪고 노사분규가 다른 나라 기업에 비해 잦은 것은 진출 업종이 섬유 등 노동집약적 산업이라는 구조적 요인도 일부 있을 것이다. 그러나 비슷한 업종에 진출한 다른 나라 기업들에 비해서도 노사분규가 빈번히 발생하고 문제가 커진다는 점을 간과해서는 안된다.

차제에 해외진출 우리 기업의 노무관리를 포함한 인력관리를 지원하는 국가적 체제를 구축할 필요가 있다. 해외진출 기업의 노무관리는 기본적으론 기업의 몫이지만 정부의 역할도 적지 않다. 일본에서 해외 진출 기업 임직원을 대상으로 정부 주도로 사전교육을 세밀한 프로그램에 따라 실시하는 건 본받을 만하다. 지금같이 1년에 한 번 정도 개최하는 행사성 세미나나 해설집·안내서 발간 정도로는 한계에 부닥쳤음을 절감해야 한다.

12. 불법파업 민 · 형사 책임 끝까지 물어야[12)]

현대자동차가 금속노조 산하 비정규직 노조의 불법 공장점거 파업과 관련해 26일의 추가 40억원을 포함, 이날 현재 모두 100억원의 손해배상 청구소송을 제기했다. 현대차 사내 협력업체 근로자 500여명이 현대차 정규직으로 전환시켜 줄 것을 요구하면서 베르나, 클릭, 엑센트를 생산하는 현대차 울산공장을 점거한 지도 30일로 16일째를 맞으면서 이로 인해 26일 기준 차량 1만4000여대가 생산되지 못해 약 1500억원의 생산 차질액이 발생했기 때문이다. 신형 엑센트는 현재 200여대만 생산된 채 중단돼 1만여명의 소비자가 기다리고 있다.

그런데 금속노조에 의해 주도되고 있는 공장 점거는 명백한 불법파업이다. 중앙노동위원회가 현대차가 사내하청업체 근로자의 직접교상 대상이 아니라고 행정지도했기 때문에 비정규직 노조가 파업을 벌이는 것은 불법이다. 특히 현대차 비정규직 노조의 파업 목적인 정규직 전환은 근로조건과 무관하므로 명백한 불법이라는 것이 고용노동부의 유권해석이다.

이번 사태는 7월 대법원이 현대차 울산공장 해고자 2명이 낸 부당해고취소 청구소송에서 2년 이상 사내하청 근로자가 아닌 파견근로자로 일한 경우 파견법에 따라 현대차 정규직으로 봐야

---

12) 문화일보 〈포럼〉 (2010. 11. 30)

하다는 취지로 사건을 서울고법으로 파기 환송한 뒤 시작됐다. 이를 근거로 노조는 현대차 1700여 사내 하청근로자의 정규직 전환을 요구하고 있다. 그러나 대법원의 파기환송은 확정 판결이 아니기 때문에 회사측이 수용하지 않는 한 최종 판단을 기다려야 한다. 또한 확정 판결이 노조측에 유리하게 나온다 할지라도 모든 사내하청 근로자에 적용되는 건 아니다.

고용노동부 고용평등정책관이 밝혔듯이 원청회사가 과거에 불법파견으로 사내 하도급 근로자를 고용한 적이 있더라도 현재 하도급 기업에서 노무 지휘권을 직접 행사하는 등 불법 파견 요소를 시정했다면 하도급 근로자를 직접 고용할 필요가 없다. 현대차가 문제가 된 사내하도급 근로자를 불법파견 형식으로 고용했다고 대법원이 확정 판결을 한다 할지라도 소송을 제기한 해당 근로자만 정규직으로 전환된다는 회사측의 입장이 법리상 맞는 것이다.

파업이 장기화할 조짐까지 보이면서 현대차 정규직 노조, 비정규직 노조 그리고 금속노조 등 특별교섭단은 29일 '비정규직의 정규직 전환 요구안'을 '불법파견 교섭에 대한 대책 요구'로 수정하기로 합의했다. 하지만 이로써 사태 해결의 실마리가 풀렸다고 할 수는 없다. 특히 사내하청 근로자의 점거농성에 금속노조가 개입했고 여기에 민주노동당, 진보신당, 민주당 국회의원들이 격려 방문을 하는 등 이번 사태가 지난해 77일간 옥쇄파업을 벌이면서 '노사(勞使)갈등'이 아닌 '노정(勞政)갈등'으로 변질한 쌍용자동차 노사분규와 비슷한 상황으로 비화하지 않을까 우려된다.

민주화 이후 노조활동이 보장된 지 20년이 넘었지만 아직도 사내하청 근로자의 점거 농성과 같은 불법 분규가 근절되지 않는 것은 불법에 따른 책임을 당사자에게 지우지 않는 경우가 많기 때문이다. 검찰은 이번 사내하청 근로자의 불법 공장 점거에 대해 법과 원칙에 따라 엄정 대응하겠다는 입장을 밝혔으나 당분간은 사태 추이를 지켜보면서 자체적인 해결을 기다릴 것이다.

국내 노사관계가 국가 경쟁력을 갉아먹는 요인이 되지 않기 위해서는 불법파업에 대한 무관용의 원칙이 확립돼야 한다. 노동관계법은 합법적인 테두리 내에서 충분한 노동권 행사를 보장하고 있다. 1980년대 마거릿 대처 총리에 의해 파업병을 고친 영국이 그러하듯 불법파업으로 인한 피해에 대해 파업 당사자가 민·형사상의 모든 책임을 지게 하는 관행이 확립될 때 노사관계는 진일보할 것이다.

13. 타임오프 위반 노사합의는 원천 무효[13)]

한국의 노사관계는 지금 전환기적 시점에 있다. 14년간 끌어

---

13) 문화일보 〈포럼〉 (2010. 10. 25)

오던 노사관계 선진화 입법이 지난해 말에 마무리됨에 따라 올 7월1일부터는 사용자의 노조전임자에 대한 급여 지급이 부당 노동행위로 처벌받고 그 대신 법이 정한 한도 내에서 근로자들의 노조활동 시간이 유급근로로 인정받는 근로시간면제 제도, 일명 타임오프제가 시행됐다. 또한 내년 7월1일부터는 단위사업장에서도 복수노조가 허용된다.

고용노동부 발표에 따르면 타임오프 제도가 시행 초기 우려와는 달리 노사 현장에서 잘 정착되고 있다. 9월 말 이전에 단협이 만료된 근로자 수 100인 이상 1499개 노조사업장(금속, 공공기관은 100인 미만 포함)의 76.5%인 1146개 사업장에서 면제한도 도입에 합의했거나 잠정합의했다. 합의하거나 잠정합의한 사업장 가운데 법에서 정한 타임오프 한도를 초과한 사업장은 3.5%인 40개에 불과하다. 한도를 초과한 이 40개 사업장 중 35개는 민주노총 소속 금속노조다.

민주노총의 타임오프 제도 무력화 투쟁에도 불구하고 근로시간면제 제도는 노사 간에 커다란 갈등없이 산업 현장에 정착돼 나가고 있다. 그러나 19일 금속산업사용자협의회와 금속노조의 중앙교섭에서 노조의 유급전임자에 대해 노사 합의를 준수하기로 한다고 잠정합의하면서 파문이 일고 있다.

금속노조는 현재 180여개 소속 사업장 절반이 넘는 곳에서 기존의 전임자 수를 유지하기로 했다고 주장하면서 이 조항으로 현재 타임오프 한도를 넘어 노조전임자 수를 합의한 단체협약은 유효하다는 입장이다. 금속노조는 이번 합의를 통해 타임오프 제도를 무력화시킬 수 있다고 잘못 판단한 것으로 보인다.

그러나 타임오프 한도 준수는 법적 의무의 강제조항이기 때문에 노사가 합의한다고 해서 한도를 넘을 수는 없다. 한도를 넘어 사용자가 급여를 지급하는 전임자 수를 합의한 단협은 무효이며 노동부의 시정명령을 어길 경우 사업주는 부당노동행위로 처벌 받는다. 노조를 위해 일하는 노조전임자의 급여를 사용자가 전적으로 부담하는 나라는 세계 어디에도 없다.

노조는 자체적으로 노조전임자의 급여를 지급하는 방안을 강구해야 한다. 수익사업을 하거나 조합비를 올려 노조전임자의 급여를 지급해야 할 것이다. 타임오프제는 지난 수십년 간 내려온 사용자의 노조전임자 급여지급 관행을 일시에 없앨 수 없기 때문에 과도기적으로 도입된 조치일 뿐이다.

금속노조는 언제나 투쟁적 노동운동의 선봉에 서 왔다. 2008년에 발생한 파업의 40% 가까이가 금속노조 소속 노조에 의해 주도된 것이다. 2009년에는 정리해고를 반대해 쌍용자동차 공장을 77일 동안이나 불법 점거했다.

금속노조가 이번 교섭에서 생산공장에서 사내 하청 근로자의 사용을 금지해 달라는 요구를 철회했지만 현재의 단협에서 신기술, 신기계 도입시 조합과 합의 후 시행하고 근로자를 공장 간

이동할 때는 본인의 동의를 구해 실시하고 경영상 생산 물량을 외주 또는 하도급으로 전환할 때는 조합과 합의한 후 추진하도록 하는 등 경영 활동을 저해하는 요소가 많다.

올해 들어 완성차 4사의 임단협 교섭이 24년 만에 무파업 타결이 되고 노사가 대화를 통해 갈등을 해결해 가는 기조가 점차로 정착돼 가고 있다. 금속노조는 타임오프제 무력화 투쟁을 통해 노사관계를 갈등 구조로 몰아 가려는 시도를 즉각 중단해야 한다.

사용자들도 노조의 힘에 굴복해 위법적 합의를 해 줘서는 안 된다. 타임오프의 한도를 넘는 노사 합의는 원천 무효일 뿐만 아니라 타임오프제의 준수는 노사관계 선진화를 위해 반드시 필요하다.

14. 자동차산업 한단계 더 도약하려면[14)]

한국 자동차산업이 약진하고 있다. 지난해 350만대의 국내 자동차 생산으로 세계 5위의 자동차 생산 대국으로 발돋움했다. 세계 시장에서도 '싸구려 차'라는 이미지를 벗고 성능,디자인,품질 면에서 우수성을 인정받고 있다.

---

14) 한국경제 〈시론〉 (2010. 8. 26)

현대자동차의 베르나가 2010년 JD파워의 신차 품질평가에서 소형차부문의 가장 우수한 등급을 받은 게 단적인 예다. 준중형급에서는 현대차의 아반떼가 3위, 미니밴에서는 기아차의 카니발이 2위를 차지했다. 기아차의 쏘울은 국내 자동차로는 처음으로 세계 3대 디자인상 중 하나인 '레드닷 디자인상'을 수상했다. 중대형차에 대한 세계 시장의 평가도 과거와 달라졌다. 현대자동차의 제네시스는 2009년 북미 국제오토쇼에서 '북미 올해의 차'로 선정됐다. 이 차는 JD파워의 신차품질 조사에서도 일반 브랜드 부문 1위에 올랐다.

생산액, 부가가치, 수출액, 고용 등에서 우리나라 제조업의 10% 이상을 차지하는 자동차산업이 융성해지면 국내 산업 생태계 전반에 긍정적인 영향을 미치게 된다. 국내 자동차 업체들이 선전하고 있다는 뉴스가 반갑게 들리는 이유다.

하지만 최근 자동차업계를 들여다 보면 더 발전할 수 있는 기회를 놓치고 있다는 생각이 든다. 문제는 우리 내부에 있다. 대법원은 최근 하청업체 직원 2명이 현대차를 대상으로 제기한 부당해고 및 부당노동행위 소송에서 원고 패소를 결정한 원심을 깨고 사건을 서울고법으로 돌려보냈다. 하청업체 직원들을 파견근로자로 보고, 파견기간이 2년을 경과한 경우 현대차의 근로자로 인정하라는 게 대법원 판결의 골자였다.

이번 판결은 현재 약 7000여명의 사내 하청근로자를 활용하고 있는 현대차를 비롯해 기아차, GM대우 등에 큰 영향을 미칠 전망이다. 노동부는 자동차업체를 포함한 20~30개 제조업체를 대상으로 조사할 예정인데, 불법 파견으로 드러나면 상당수의 사내 하청 근로자를 직접 고용으로 전환시켜야 한다.

물론 현대차 등 완성차 업체들이 사내 하청 근로자들을 활용하는 것은 정규직 노동시장이 경직돼 있기 때문이다. 정규직의 경우 일단 고용하면 경영상의 어려움이 있어도 해고하기가 매우 어렵고, 공장간 배치 전환에도 노조와 근로자의 동의를 필요로 한다.

대법원 판결로 완성차업체들은 사내 하청 근로자에 대한 의존도를 줄이고자 노력할 것이다. 사내 하청 근로자의 처우는 좋아지겠지만 오히려 사내 하청 근로자의 고용이 줄어드는 결과가 초래될 수 있다. 정규직 노동시장의 경직성을 완화할 수 있는 획기적 조치가 필요한 이유다.

타임오프 문제도 해결되지 않고 있다. 지난 8월11일 기아차 노사는 첫 상견례가 무산된 지 3개월 만에 임단협 교섭을 위해 마주 앉았지만 대화에 진전이 없는 상황이다. 기아차 노조가 "잔업과 특근을 정상화하는 결단을 내린 만큼 이를 왜곡하지 말고 성실교섭에 나서라"고 요구하고 있지만 올해 노사관계의 가장 큰 화두인 타임오프제를 깨뜨리는 선봉에 서 있는 한 사측과의 타협점을 찾기 힘들 것으로 보인다.

기아차처럼 규모가 큰 기업의 노조가 전임자의 급여를 회사측에서 부담하라고 요구하는 것은 상식에 어긋난다. 노조 전임자의 급여를 회사에서 전적으로 부담하는 나라는 한국 밖에 없다. 한국과 유사한 기업별 노조 시스템을 갖고 있는 일본도 노조가 노조전임자 급여를 부담하고 있다.

타임오프는 전임자 급여를 회사가 부담해온 관행을 일시에 철폐하는 데 따른 부작용을 최소화하기 위해 도입된 제도다. 현대중공업 노조와 같이 타임오프제도로 예외로 인정받는 부분은 고맙게 받고 추가적으로 노조전임자가 필요하면 조합비에서 급여를 지급하는 것이 대공장 노조로서 책임있는 행동일 것이다.

15. '근로시간면제' 연착륙을 위한 조건15)

사용자의 노조전임자 급여지급을 부당노동행위로 처벌하는 법이 시행되면서 노조활동의 급격한 위축을 우려해 지난 7월 1일 도입된 근로시간면제제도가 산업현장에 빠르게 도입되고 있다.

고용노동부에 따르면 시행 한 달이 되는 7월 말 현재 올해 7

15) 국민일보 〈시사풍향계〉 (2010. 8. 8)

월 이전에 단체협약이 만료된 100인 이상 사업장 1350개의 64%인 865개 사업장에서 근로시간면제와 관련된 단협을 체결했거나 잠정합의했다. 근로시간면제에 관한 합의를 한 사업장의 96.2%인 832개 사업장에서 시행령이 정한 근로시간면제의 한도를 적용하기로 합의했고 법을 위반한 합의를 한 사업장은 33개에 불과했다.

민주노총의 무력화 투쟁에도 불구하고 민주노총의 핵심사업장인 타타대우상용차, 한국델파이, 현대삼호중공업 등에서도 근로시간면제제도가 도입됐다. 공공기관의 경우 단협 만료 사업장 54개 중 64%인 35개 사업장에서 모두 법에 정한 기준을 준수하는 제도를 도입하기로 합의했다.

그러나 근로시간면제제도가 연착륙하는 데는 여전히 불안요소가 있다. 금속노조를 중심으로 근로시간면제제도의 무력화 투쟁을 하고 있는 민주노총 소속 노조의 사업장 중 50% 정도만 근로시간면제제도를 도입하기로 합의했다. 특히 금속노조 사업장 중 단협이 만료된 사업장의 37.3%에서만 근로시간면제제도를 도입하기로 합의했고 도입을 합의한 사업장 중 42%인 29개에서 시행령에 정한 한도를 초과한 합의를 했다. 금속노조는 올해 단협 갱신 대상 사업장 170개 중 110개에서 전임자를 유지하기로 합의했다고 최근 발표했다.

고용노동부는 근로시간면제 한도를 초과해 단협을 체결한 대원강업 등 14개 사업장에 대해서는 자율시정을 권고했고 삼원강재 등 15개 사업장에 대해서는 노동위원회 의결을 거쳐 시정명령을 내렸다. 또한 면제 한도를 초과해 7월분 급여를 지급한 2개 사업장에 대해서는 시정명령을 내리고 시정명령을 이행하지 않는 경우 부당노동행위로 사법처리할 방침이다.

근로시간면제제도가 정착되기 위해서는 노조전임자에 대한 급여지급은 노조가 하는 것이 마땅하다는 노사의 인식전환이 필요하다. 노조전임자에 대한 급여지급은 과거의 잘못된 관행이고 노조전임자에 대한 급여지급을 노조가 할 때 노조도 당당해질 수 있다. 우리나라 노조의 노조비는 다른 나라에 비해 낮은 수준이다. 근로시간면제제도도 사용자의 노조전임자에 대한 급여지급을 전면적으로 금지할 경우 노조활동이 급격히 위축되는 것을 배려한 과도기적 조치이다.

노조전임자에 대한 급여를 사용자가 전적으로 부담하는 나라는 우리밖에 없다. 우리나라와 같이 기업별노조체제인 일본도 노조전임자 급여는 노조가 부담하고 있다. 근로시간면제제도를 도입하면서 현대중공업 등 일부 대규모 사업장에서 사용자가 부담하는 근로시간 면제자 외에 노조가 급여를 부담하는 전임자를 별도로 두기로 합의한 것은 우리나라 노사관계의 선진화를 위해서는 매우 고무적인 일이다.

중소노조의 경우 시행령으로 정한 근로시간면제의 한도는 실태조사에 기초해 정한 것이기 때문에 한도를 준수하는 합의를 해도 노조활동은 위축되지 않는다.

향후 고용노동부는 7월분 급여가 지급되는 8월부터 대규모 기업, 공공기관 등을 중심으로 근로시간면제한도를 준수했는지를 집중적으로 점검하고 위반한 고용주에 대해서는 시정명령을 하고 시정조치가 이뤄지지 않으면 사법처리 등 강력한 조치를 할 계획이다.

그러나 정부의 단속만으로는 이면합의에 의한 노사담합을 적발하는 데 한계가 있다. 노사, 특히 단기적인 손해를 감수하면서도 노사관계의 근원적 선진화를 이룩하고자 하는 사용자의 적극적인 의지와 실천이 필요하다.

16. 타임오프 한도 적용, 예외 없어야[16)]

올해 초 노사관계 선진화 입법에 따라 1일부터 시행된 타임오프제 연착륙을 일부 노동계와 야당이 여전히 방해하고 있다. 타임오프의 한도를 정하는 근로시간면제위원회에 뒤늦게 참여했다가 결국은 중도에 위원회를 탈퇴한 민주노총은 23일에도 기자

16) 문화일보 〈포럼〉 (2010. 7. 27)

회견을 열어 타임오프제 폐기를 거듭 주장했다.

민주노총 투쟁의 선봉에 서서 파업 결의를 한 기아자동차노조는 올해 임단협에서 법에 정한 기준으로 줄이기보다는 오히려 노조전임자의 수를 늘려줄 것을 요구하고 있다. 회사측에 따르면 기아차노조의 요구를 다 들어주면 노조전임자는 현재 임단협상의 136명에서 600여명으로 늘어난다. 기아차노조의 경우 새로운 법 아래서 사용자가 급여를 지급할 수 있는 노조전임자 수는 최대 36명이다.

민주당 등 야5당은 민주노총의 주장에 동조해 타임오프제 시행 하루 전인 6월30일에 헌법이 보장하는 노동3권을 침해하는 노조법은 헌법에 위반되므로 시급히 개정돼야 한다고 강변해온 종전의 입장을 되풀이하고 있다.

그러나 민주노총과 민주당 등 일부 야당의 타임오프제 무효화 투쟁에도 불구하고 많은 사업장에서 타임오프제의 취지를 살려 나가고 있다는 것은 반가운 일이 아닐 수 없다. 글로벌 스탠더드를 향한 첫걸음이기 때문이다.

고용노동부에 따르면 올 상반기에 단체협약이 만료된 100인 이상 유노조 사업장 1320개 중 타임오프 한도를 적용키로 잠정 합의하거나 단협을 체결한 사업장은 59.2%인 782개인데, 이 중 4%인 31개 사업장에서만 정부가 고시한 한도를 초과해 전임자에 대한 급여를 지급키로 했다. 상급단체별로는 한국노총 소속

63.4%, 민주노총 소속 43.3%가 한도 준수에 잠정 합의했다. 그 반면 정부가 고시한 한도를 지키지 않는 사업장 노조의 대부분은 민주노총 소속으로 산하 197개 중 29개(14.7%)에 달했다.

노조전임자의 급여를 회사가 전적으로 부담하고 있는 나라는 대한민국밖에 없다. 기업별 노조인 일본의 경우 노조원이 전임자가 되면 무급휴직을 하고 노조전임자 활동이 종료되면 원직으로 다시 복직한다. 타임오프제로 노조 활동이 위축된다면 조합비 인상을 통해 전임자의 급여를 노조가 스스로 부담해야 한다. 일본의 노조 조합비는 급여의 1.8%인 반면 한국의 노조 조합비는 급여의 1% 수준이다.

한국노총과 민주노총의 위원장 및 양 노총에 파견된 상당수 전임자가 7월분 급여를 지급받지 못했다고 한다. 그동안 잘못된 관행이 정상화해 가고 있는 것이다. 이들의 급여는 양 노총이 소속 노조로부터 걷어들이는 맹비(회비)로 충당하는 것이 당연하다. 사용자가 상급단체에 파견된 노조전임자들에게 급여를 지급하는 것은 명백한 부당노동행위다.

타임오프제로 인해 노조활동이 위축된다는 것이 노조의 주장이지만 민주노총도 참여한 근로시간면제위원회의 노조실태조사 결과에 의하면 정부가 고시한 타임오프 한도는 노조원 및 노조전임자가 노조활동에 쓰는 시간을 보장하고 있다. 실태조사 결과에 따르면 단위 노조당 노조전임자가 노조활동에 쓰는 시간은 평균 연 1418시간으로 인원으로 환산하면 1명도 필요하지 않은데, 현재 노조전임자는 단위 노조당 평균 3명이니 노조전임자 중 2명은 노조활동 외에 시간을 보내면서 사용자로부터 급여를 지급받고 있는 것이다.

타임오프 제도는 노조전임자의 급여를 사용자가 지급하던 과거의 잘못된 관행을 완전히 폐기하기까지 과도기적으로 도입한 제도다. 궁극적으로는 노조전임자의 급여를 노조가 전적으로 부담하게 될 때 노사관계는 선진화되고 노조도 당당해질 수 있다. 우선 타임오프 한도 적용에서부터 예외가 있어서는 안된다.

17. 미룰 수 없는 노동委 개혁[17)]

지난 1일부터 노조전임자에 대한 급여지급 금지의 예외조항으로 근로시간면제한도(타임오프)가 도입되고 내년에 단위사업장에서의 복수노조가 허용되는 등 우리나라 노사관계의 큰 틀이 바뀌고 있다. 특히 사업장에서의 교섭창구 단일화와 관련해 노동위원회 역할이 매우 중요해질 것이다. 개정 노동법에 따르면 여러 노조 간에 자율적으로 교섭창구가 단일화되지 않고 과반수

17) 서울경제 〈시론〉 (2010. 7. 26)

노조가 없다면 노동위원회가 교섭대표 구성에서 중심적 역할을 하게 된다.

그러나 현재 우리나라 노동위원회제도는 전문성·공정성을 담보할 수 없는 등 구조적인 여러 문제가 있어 향후 증가하리라 예상되는 교섭창구 단일화와 관련된 집단적 노동분쟁뿐 아니라 연간 1만2,000건에 이르는 부당해고 등 개별적 노동분쟁을 공정하고 효율적으로 해결하는 기관으로 자리매김하기 위해서는 선결과제가 있다.

노동위원회 결정에 대한 분쟁 당사자의 신뢰도 및 전문성이 다른 행정심판이나 외국에 비해 매우 낮다. 중앙노동위원회 판정의 소송제기율은 35~40% 수준이고 법원에서의 패소율은 20% 수준인 반면 일반 행정심판의 소송제기율은 약 13%, 패소율은 약 3%이다. 우리나라의 노동위원회와 유사한 역할을 하는 미국의 전국노사관계위원회의 경우 소 제기율은 13%, 패소율은 1% 미만이다.

우리나라의 경우 노조가 파업을 하기 전 반드시 노동위원회 조정을 거치기 때문에 집단적 노동분쟁의 사전 예방 차원에서 노동위원회의 역할이 매우 크다. 그러나 노동위원회의 조정 성립률은 2007년 64.8%, 2008년 66.5%, 2009년 58.8%로 최근에 오히려 과거보다 떨어지고 있으며 외국에 비해서도 낮다. 미국·영국의 조정 성립률은 70~90%이다.

노동위원회의 전문성 부족, 그리고 그에 따른 낮은 신뢰도는 무엇보다 노사단체가 노동위원회 운영에 과도하게 개입하도록 돼 있는 구조적 문제 때문이다. 특히 노사단체에 공익위원의 추천권뿐 아니라 거부권도 주는 선정방식 탓에 중립적이고 전문성을 갖춘 인사가 공익위원에 선정되지 못하는 사례가 다수 있다. 이익단체인 노사단체에 공익위원 추천권과 거부권을 모두 주는 국가는 우리나라가 유일하다.

노동위원회의 전문성 부족은 노동위원회가 비상임위원이 중심이 되는 회의체로 운영되고 있다는 것에도 크게 기인한다. 노동 관련 전문가가 서울 지역을 제외하고는 크게 부족한 상황에서 약 700여명이 이르는 공익위원을 선임해야 해 전문성이 떨어지는 공익위원이 임명되고 이는 분쟁 당사자의 판정 불복으로 이어지는 악순환이 되고 있다.

공익위원 전문성 제고는 노동위원회의 공정성·중립성을 확보하는 전제조건이다. 전문성을 갖춘 공익위원의 위촉을 사실상 불가능하게 하는 현행의 노사에 의한 교차배제방식은 철폐돼야 한다. 노사단체가 각각 근로자위원과 사용자위원을 독립적으로 선임할 수 있는 현행의 공익위원 선정방식은 노사단체의 이해관계를 과도하게 보호하는 측면이 있다.

전문성 확보를 위해서는 상임위원 수를 대폭 확충해 상임위원 중심으로 노동위원회를 운영하고, 또한 상임위원 처우를 높여 변호사·교수 등 다양한 영역의 전문가가 일할 수 있는 환경을 만들어야 한다.

노동분쟁의 신속한 해결을 위한 조치도 필요하다. 노동분쟁 해결과 관련해 현행 제도는 지방노동위원회·중앙노동위원회·행정법원·고등법원·대법원의 사실상 5심제도다. 분쟁 당사자가 지방노동위 판정에 불복시 직접 소송으로 가지 못하고 중노위 재심을 거쳐야만 하므로 신속한 권리구제가 제약되고 행정규제에 의해 국민의 재판받을 권리가 침해당하는 측면이 있다.

미국 등 다른 나라의 노동분쟁조정기구나 공정거래위원회 등 우리나라의 다른 준사법적 행정위원회는 대부분 단심구조다. 노동분쟁의 신속한 해결을 위해 분쟁 당사자가 원할 경우 심급구조를 단축할 수 있는 방안이 마련돼야 한다. 중장기적으로는 지방노동위와 중앙노동위를 통합하는 방안을 고려해볼 수 있으나 당장은 실질적으로 심급단계를 축소할 수 있는 대안을 심각히 고민해야 한다.

18. 기업도 타임오프제 피해 갈 생각 말아야[18)]

7월 1일부터 도입되는 근로시간면제(일명 타임오프)제도가 시

18) 조선일보 〈시론〉(2010. 6. 29)

행되기도 전부터 갈등을 겪고 있다. 타임오프제는 노동법에서 노조전임자 급여 지급을 금지시켜 놓은 것과 달리 그간 관행적으로 지급해온 것을 인정해 7월부터 전임자에게 임금 일부를 지급하도록 한 제도다.

민주노총은 이런 타임오프제를 '현대판 노조 죽이기'라고 규정하고 백지화 투쟁에 나서고 있다. 노조전임자 136명이 18명으로 줄어들게 된 기아차 노조는 투표를 통해 파업을 가결시키며 타임오프제 철회를 요구하고 있다. 정부는 이에 따라 회사측이 노조전임자를 타임오프제의 법적 한도를 넘어 인정하면 부당노동행위로 처벌하고 노조가 이를 이유로 파업하면 불법파업으로 강경대응하겠다고 나서고 있다.

노조전임자가 회사에서 급여를 받으면서 회사를 상대로 투쟁하는 것은 노조의 자율성을 좀먹는 것으로 국제적 기준에도 어긋난다. 노조전임자의 급여를 회사가 전적으로 부담하는 나라는 우리밖에 없다. 우리나라와 유사한 기업별 노조 형태인 일본의 경우, 노조전임자가 되면 회사를 휴직하고 급여는 노조에서 받는다.

우리나라는 1개 노조당 노조전임자가 공식 및 기타 노조 활동에 쓰는 평균 시간은 연 1418시간에 불과하다. 실제 전임자가 평균 1명도 필요하지 않은 상태다. 우리나라는 1개 노조당 평균 전임자 숫자가 3명인 상황을 감안하면 현 노조전임자 3명 중 2명은 노조 활동 이외의 일로 시간을 보내면서 사용자로부터 급여를 받고 있는 셈이다. 타임오프제가 정착되면 이처럼 놀고먹는 노조전임자가 사라지게 된다.

그러나 이에 아랑곳없이 일부 노조에선 편법으로 조합활동수당을 신설하여 전임자 임금을 특별조합비로 보전하거나 회사가 노조에 기금을 출연하여 노조 활동을 지원할 것을 요구하고 있다. 일부 사용주들은 공장가동 중단을 우려해 아예 예전처럼 전임자 숫자와 처우를 보장키로 합의한 것으로 알려져 있다. 노조의 파업 협박에 사용주들이 굴복한 것이다. 이는 전형적인 '무임승차' 행위로, 자칫 타임오프제의 근간을 무너뜨릴 수 있다.

정부가 아무리 강력한 단속 의지를 천명해도 사용자들이 노조와 법을 어기는 합의를 하면 적발하기 쉽지 않다. 대기업과 달리 수천개나 되는 중소기업의 노사 합의를 정부가 일일이 현미경을 대고 감시하기란 불가능하기 때문이다. 거대한 댐도 작은 균열을 방치하면 무너지듯, 사용자들이 하나 둘 법을 어기면 그 파장은 서서히 제도 전체를 갉아먹는다.

타임오프제가 시행되면 과도한 전임자 수는 크게 줄어들고, 노조는 회사와 관련된 노조 업무에 전념하게 돼 장기적으론 회사의 경쟁력을 높이는 노동운동으로 전환하는 계기가 마련될 수 있다. 노사상생과 생산성 위주의 건전한 노동운동이 자리 잡을 수 있도록 사용자들의 주도적인 법 준수가 절실한 이유다.

그런데도 사용자들은 작년 말 타임오프제 도입을 위한 법 개정 과정에서부터 노사 관계를 정부에 기대거나 편법으로 무임승차하려는 경향을 보였다. 사용자들은 타임오프제가 도입되면 일시적으로는 혼란이 올 수 있지만 장기적으로 건전한 노사관계에 보약(補藥)이 될 것이라는 점을 명심해야 한다.

19. 타임오프 한도, 노사 모두 엄수해야[19)]

노사 현장에 또다시 전운이 감돌고 있다. 7월1일부터 시행되는 타임오프 제도를 무력화시키고자 민주노총이 소속 노조들의 파업 동력을 모으고 있기 때문이다. 민주노총은 노조전임자 문제를 내세운 모든 파업은 불법이라는 정부의 경고에 불구하고 16일과 17일 부분파업에 이어 23일 오후 서울 도심에서 대규모 전국노동자대회를 갖는다.

타임오프 한도의 노동부장관 고시가 이뤄진 5월14일, 민주노총은 근로시간면제심의위원회를 탈퇴하면서 '노동부가 고시한 타임오프는 노사 자율로 결정돼야 할 노조활동을 정부가 개입 통제하고, 하한선이 아닌 상한선을 둬 노조활동을 봉쇄하려는

19) 문화일보 〈포럼〉 (2010. 6. 23)

현대판 단결금지법'이라고 주장했다.

민주노총 투쟁의 선봉에는 기아자동차노조가 있다. 기아차노조는 올해 임단협 교섭에서 현행보다도 오히려 더 늘어난 전임자를 인정해 줄 것을 요구하고 있다. 기아차는 현재 136명의 노조전임자를 인정하고 이들에 대해 연간 86억7000만원의 급여를 회사가 지급하고 있는데, 7월1일 이후에는 유급으로 노조활동을 인정받는 완전전임자는 최대 18명으로 줄어든다.

그러나 기아차노조는 4월1일 기준으로 현행 노조전임자 수를 모두 보장해 줄 뿐 아니라 조합에서 자체 고용한 상근자, 그리고 상급단체 및 금속노조 임원에 대해서 추가전임자의 인정을 요구하고 있다. 또한 산업안전위원회 및 근골계예방위원회의 근로자측 위원의 확대, 대의원 · 감사위원 · 각종 선거위원 · 노동위원회 위원 등의 활동도 노조활동으로 인정하고 조합 간부의 범위에 금속노조 임원 및 대의원, 중앙위원, 조합 각종 조직의 간부까지 포함시켜 달라고 요구하고 있다. 회사 추정에 따르면 노조측 주장을 수용할 경우 기아차에서 조합활동이 인정되는 노조 간부의 수는 600명을 초과하게 된다. 타임오프제의 장관고시에 따른 기아차노조에서 유급 노조활동으로 인정받을 수 있는 노조원 수는 최대 36명을 초과할 수 없다.

노조전임자에 대한 급여는 노조원들이 부담하는 것이 국제적인 관행일 뿐 아니라, 노조전임자에 대한 급여를 사용자가 부담할 것을 주장하며 파업을 한다는 것은 노조의 자긍심에 관한 문제이기도 하다. 노조전임자 급여를 한국처럼 사용자가 전적으로 부담하는 나라는 없다. 한국과 유사한 기업별 노조인 일본의 경우에도 전임자로 활동하는 기간은 휴직으로 처리되며 노조전임자 급여는 노조원이 전적으로 부담한다.

국내 노조의 조합비는 급여의 약 1%로, 일본 1.8%, 미국 3%에 비해 매우 낮은 수준이다. 조합비를 올려 전임자의 급여를 지급하는 것이 마땅하다.

또한 한국의 노동계는 이미 14년 전에 노조전임자에 대한 급여를 사용자가 지급하는 것을 부당노동행위로 처벌하는 것에 대해 사용자 및 정부와 합의한 바 있다.

노동부장관이 고시한 타임오프의 한도는 노조전임자의 노조활동을 충분히 보장하고 있다. 실태 조사 결과에 따르면 기아차 노조와 같이 5000인 이상인 노조의 전임자의 연간 노조활동 시간은 2만6745시간인데, 법으로 인정되는 사용자가 지급하는 유급 타임오프 한도는 2만2000시간 내지 2만8000시간이다.

노조전임자에 대한 급여를 노조가 스스로 부담하는 관행을 노사 현장에 정착시키는 것이 노사관계 선진화의 초석이다. 정치권도 지난해 말에 제정된 노사관계 선진화 입법의 취지를 살려 타임오프 제도를 시행도 되기 전에 흔들려는 시도는 자제해야 한다.

국내 노사관계는 최근 들어 분규 건수도 줄고 공공부문을 중심으로 법과 원칙에 의한 노사관계가 정립되는 등 안정화 기조를 보여주고 있다. 타임오프 제도의 도입이 노사관계를 한단계 선진화하는 계기가 돼야 한다.

20. 타임오프제, 근본취지 지켜야[20)]

노조전임자에 대한 사용자의 급여지급을 부당노동행위로 처벌하는 노조법의 예외로서 도입된 근로시간면제(타임오프)한도가 지난 14일 노동부장관령으로 고시되었지만 연착륙이 쉽지는 않을 전망이다.

뒤늦게 타임오프의 한도를 결정하는 근로시간면제위원회(근면위)에 합류한 민주노총은 타임오프의 한도 결정을 받아들일 수 없다는 입장이다. 한나라당과 정책연대 관계에 있고 올해 초 타임오프제도의 도입을 정부 및 경총과 합의하였던 한국노총도 복잡한 속사정을 가지고 있다. 지난 1일 근면위의 타임오프 결정이 나오자 장석춘 한국노총위원장은 "근면위가 협상 시한을 넘겨서까지 타임오프 한도를 의결하려 표결처리를 강행한 것은 노동계에 대한 선전포고"라며 국회에서 재논의해야 한다고 주

20) 아시아 경제 (2010. 5. 20)

장했다.

근면위 결정에 한국노총까지도 반발하자 정부와 경영계는 근로시간면제 장관고시 부칙에 '근면위가 장관요청시 지역적 분포, 교대제 근로 등 사업장 특성에 따른 시행 상황을 점검하고, 근로시간면제 한도의 적정성 여부를 심의할 수 있는' 특례 조항을 두기로 한 발 양보했다. 그러나 상급단체 파견자 임금의 한시적 보존과 관련하여는 노사정간에 말이 다르다.

지난 해 12월 초 노사정 합의에도 불구하고 입법과정에서 타임오프의 인정범위에 '건전한 노사관계 발전을 위한 노동조합의 유지·관리업무'의 추가, 상급단체 파견자 임금의 한시적 지급 허용을 둘러싼 논란 등 일련의 상황 전개를 보면서 일부에서는 타임오프제의 근본취지가 시행되기도 전에 흔들리고 있다고 우려하고 있다.

올해 초 타임오프제도를 도입하기로 한 노사정합의의 근본취지는 과도한 노조전임자의 숫자를 줄이는 것이다.

우리나라 노조전임자 3명중 적어도 2명은 노조 외의 활동으로 유급근로시간을 인정받고 있다. 민주노총도 참여한 근면위 산하 노동조합활동실태조사단의 조사 결과 1개 노조당 공식 및 기타 노조 활동에 쓰는 노조전임자의 시간은 연 1418시간(0.68명)인데, 노동부 조사에 의하면 1개 노조당 노조전임자는 단협상 3.1명, 실제로는 3.6명(2008년 현재)이다.

하후상박의 원칙에 의거하여 결정된 타임오프 상한선은 중소사업장의 경우 현재의 모든 조합원의 유급노조활동까지 타임오프 상한으로 100% 인정하고 있다. 조합원 200~299인 사업장의 연간 타임오프 상한은 4000시간인데 실태조사결과에 의하면 100~299인의 모든 조합원의 현재 유급노조활동시간은 3922시간이다.

대규모 사업장도 노조전임자의 유급노조활동은 100% 인정하고 있다. 실태조사 결과에 의하면 5000인 이상 사업장의 노조전임자의 유급노조활동 시간은 2만6745시간인데, 근면위의 1만5000인 이상 사업장의 연간타임오프 상한은 최소 2만8000시간이다.

노조전임자에 대한 급여지급은 노조원 부담이 원칙이고 선진화된 기준이라는 것이 타임오프제도 시행의 기본틀이 되어야 한다.

그러나 현장에서는 새로운 제도 시행에 따라 상당한 혼란이 예상된다. 향후에는 상당수의 반(半)전임자가 활동할 것인데, 이들에 대한 인사노무관리가 쉽지 않을 것이다.

정부가 법으로 타임오프의 상한선을 정해 주었지만 상한선 만큼 타임오프를 인정할 의무는 사용자가 가지고 있지 않다. 사업장 노사관계의 근원적 선진화를 위해서는 당장의 대립을 감수하고라도 사용자는 노조전임자 급여는 노조가 부담하여야 한다는 원칙을 가지고 타임오프제도를 합리적으로 정착시켜야 한다. 이 같이 되는 것이 노조도 당당해 지는 길이다.

21. 타임오프제 정착되려면[21)]

올해 1월1일 개정된 노조법에 따라 노조간부가 급여를 받으면서 노조활동을 할 수 있는 '타임오프'(유급 근로시간 면제제도)의 상한선이 지난 1일 근로시간면제위원회(근면위)에서 논란 끝에 통과됐다. 근면위는 조합원 수에 따라 타임오프의 한도를 11구간으로 나누어 상한선을 역진적(逆進的)으로 늘려가기로 결정했다.

12시간이 넘는 논의 끝에 확정된 근면위의 결정에 따르면, 타임오프 한도 풀타임(연간 2000시간)을 노조전임자로 환산할 때 사용자가 급여를 지급하는 노조전임자가 근로자 50인 미만 사업장은 0.5명, 50~99인 사업장은 1명, 100~199인 사업장은 1.5명, 200~299인 사업장은 2명이다. 또한 중소기업의 범주를 벗어나는 300~499인 사업장은 2.5명, 500~999인 사업장은 3명, 1000~2999인 사업장은 5명, 3000~4999인 사업장은 7명, 5000~9999인 사업장은 11명, 1만~1만4999인 사업장은 14명이다. 한편 1만5000인 이상 사업장의 사업주가 급여를 지급하는 노조전임자의 수는 2012년 6월까지는 최대 24명, 그 이후에는 최대 18명이다.

---

21) 세계일보〈시론〉 (2010. 5. 4)

근면위 결정이 제대로 준수된다면 대기업노조는 사용자에 의해 급여가 지급되는 전임자의 수가 대폭적으로 줄어든다. 타임오프제도가 제대로 정착된다면 높은 임금수준과 안정된 고용에도 투쟁일변도의 과도한 정치적 노동운동을 해 온 대기업 노조운동이 합리적으로 변화하는 계기가 될 것이다. 그러나 후폭풍도 만만치 않다. 민주노총은 '법과 절차를 무시하며 경찰폭력으로 일관한 막장 날치기를 투쟁과 투표로 심판할 것'이라는 입장을 밝혔다.

법에 따르면 근면위는 타임오프 한도를 올해 4월30일까지 재적위원 과반수 출석에 출석위원 과반수의 찬성으로 의결하고 이때까지 의결이 되지 않으면 5월15일까지 공익위원이 국회 의견을 들어 결정하도록 돼 있는데 근면위 결정이 5월1일 나왔으므로 절차를 무시했다는 것이다. 반면 근면위는 외부 전문가 자문결과, 정족수가 충족됐으므로 의결 시점은 문제가 되지 않는다는 입장이다.

그러나 근면위가 국회의 의견을 듣더라도 공익위원들이 타임오프의 한도를 결정할 권한이 있으며, 노조의 유급근로활동에 관한 실태조사 결과가 나와 있고 관련 쟁점도 이미 10여년간 논의돼 온 것을 고려하면 현시점에서 절차적 정당성을 논쟁하는 것은 큰 의미가 없다.

노조전임자에 대한 급여는 사용자가 아닌 노조원이 지급하는 것이 원칙이고 국제적 관행이다. 기업별 노조라는 특수성, 그리고 그간의 잘못된 관행으로 노조전임자 급여를 사용자가 지급해왔지만 노사관계의 선진화를 위해서는 노조전임자의 급여는 노조원이 부담해야 하며 타임오프제도도 과도기적 제도라는 것을 인식해야 한다.

타임오프제도가 정착되기 위해서는 사용자들의 결연한 의지가 필요하다. 노조가 강한 사업장은 물론이고 노사관계가 협력적인 사업장도 단협에서 인정한 전임자 외에 추가로 형식상으로 회사 일을 하나 실질적으로는 노조 일을 하는 비공식 전임자 내지 반전임자가 상당수 있는 것이 우리의 현실이다. 타임오프제도 도입을 계기로 이와 같은 전근대적인 관행이 개선돼야 하고 사용자의 적극적인 개혁 의지가 필요하다.

근면위가 조사한 실태조사 결과에 의하면 현재의 노조전임자 3명 중 2명은 노조활동 외 시간을 보내고 있다. 근면위가 하후상박의 원칙에 따라 중소노조를 배려한 것은 이해할 수 있는 측면이 있으나 일부에서 우려하듯이 중소기업의 경우 오히려 노조전임자 수가 늘어날 수 있다. 타임오프제의 한도가 상한선이지 그 범주에 속하는 사업장의 노조가 모두 상한선까지 사용자가 급여를 지급하는 노조전임자를 확보하라는 것이 아니라는 인식을 노사정이 공유하는 것이 필요하다.

22. '근로시간면제' 도입취지 살려야[22)]

노조전임자의 근로시간 한도를 정하는 근로시간면제심의위원회의 활동이 내달 15일 종료된다. 이에 따라 근로시간 면제의 범위를 둘러싼 노·사·정 간 기싸움도 치열하다. 뒤늦게 위원회에 참여한 민주노총은 현 정부 들어 노동기본권이 전방위로 침해되고 있다며 전임자 임금지급을 노사자율로 결정할 수 있도록 법개정이 이뤄지지 않을 경우 총파업에 들어가겠다고 경고하고 있다.

그러나 최근 공개된 노조활동 실태 조사의 결과는 노조전임자에 대한 사용자의 급여지급이 정부에 의해 규제돼야 하는 당위성을 적나라하게 보여주고 있다. 조사결과에 따르면 1개 노조당 공식 및 기타 활동에 쓰는 노조전임자의 시간은 연 1418시간에 불과한 것으로 나타났다. 현재 법정근로시간은 주 40시간, 연간 2080시간에 이른다. 따라서 노조 전임자는 일반 근로자의 0.68명에 해당하는 시간만 일한다고 볼 수 있다. 결국 일과 노조활동을 병행하는 이른바 '반(半)전임자'만으로도 정상적인 노조활동을 할 수 있다는 얘기다.

근로시간면제심의위원회의 노조활동 실태조사 결과에 포함된 유급노조활동에는 노동관련법상의 노조활동인 단체교섭, 노사협

---

22) 한국경제 〈시론〉 (2010. 4. 28)

의, 고충처리 회의관련 활동, 산업안전관련 활동, 사내복지기금 회의관련 활동 등을 포함해 사업주가 인정한 노조자체 연간 활동, 조합원 모집 활동 및 상급단체 활동까지도 포함하고 있다. 또 2008년 노동부 노조 전임자 실태조사 결과에 따르면 1개 노조당 노조 전임자는 단협상 3.1명(실제는 3.6명)으로 나타났다. 조사 시점의 차이는 있지만 이 수치를 전임자의 실제 활동시간에 대입하면 적어도 1명,많게는 2명까지 노조활동 이외의 일로 시간을 보내면서 사용자로부터 급여를 받고 있다는 사실을 부인하기 어렵다. 이 같은 결과는 근로시간 면제 한도를 시간뿐 아니라 인원으로도 규제하는 것이 필요하다는 것을 보여준다.

이번 조사에서는 또 전임자의 노조활동 시간은 1418시간인 반면 기업에서 인정하는 전체 노조원의 유급 시간은 연간 4324시간인 것으로 나타났다. 이는 전체 노조 활동시간 중 전임자가 사용하는 시간은 전체의 30% 수준에 불과하며,노조활동을 유급으로 인정받고 있는 노조원이 전임자 외에도 엄청나게 많다는 것을 의미한다.

따라서 전임자가 아닌 노조 대의원들의 노조활동에 대한 엄격한 시간관리가 이뤄지지 않고 있는 상황에서 근로시간 면제 한도를 시간으로만 정한다면 실질적으로 노조활동에 전념하는 노조원 수가 오히려 늘어날 가능성이 높다. 동시에 근로시간면제 제도의 근본 취지도 훼손될 수밖에 없다.

지금도 많은 사업장에선 단협에서 정한 노조전임자 수보다 더 많은 노조원들이 노조활동에 전념하고 있다. 노동부의 2008년 조사에 따르면 1000인 이상 노조의 경우 단협상 노조전임자는 평균 19.1명이지만 실제로는 25.6명에 달한 것으로 나타났다. 민주노총 소속 노조의 경우 단협상 명목 노조전임자 수도 평균 5.6명이었지만 실제로는 7.2명이었다. 우리나라 최대 노조인 H사의 경우 단협상 노조전임자는 100명 정도지만 임시상근자 120여명을 포함하면 실제 전임자는 200명이 넘는다. 이 같은 상황에서 오는 7월부터 근로시간 면제제도가 시행될 경우 누가 근로시간 면제의 대상이 되는 노조원이 돼야 하는지를 놓고 노조 계파간에 치열한 세력다툼이 일어날 가능성도 배제할 수 없다.

결론적으로 노조전임자의 급여는 노조 스스로 지급하는 것이 온당하다는 원칙에 따라 근로시간 면제의 한도를 정하는 것이 바람직하다고 생각한다. 특히 새로운 제도인 만큼 사업장에서의 혼란을 최소화하고 제도 도입의 취지를 살리려면 면제한도를 시간뿐만 아니라 인원으로도 정해야 한다.

23. 금호타이어노조, 구조조정 감수가 활로[23)]

연매출 2조6000억원의 세계 10위 타이어 업체인 금호타이어

---

23) 문화일보 〈포럼〉 (2010. 4. 15)

의 법정관리 내지 파산 가능성이 커졌다. 어렵사리 노사가 합의한 임단협안이 7~8일 실시된 조합원 찬반투표에서 부결되자 채권단은 당장 1000억원의 긴급자금 지원과 3000만달러의 신규 신용장 개설을 보류시켰다. 채권단은 '20일까지 금호타이어와 경영 정상화 이행에 대한 양해각서를 체결하고, 노조도 채권단에 구조조정 동의서를 제출해야만 워크아웃을 추진할 수 있다'고 밝혔다.

임단협 합의안 부결에 따라 회사측은 정리해고 대상자 191명에게 4월10일자로 해고를 통보하고, 합의안이 승인됐더라면 용역으로 전환됐을 1006명에 대해서는 5월10일자로 해고를 예고했다. 경영상 해고 대상자 193명에 대한 해고를 유보하는 대신에 30%가 넘게 임금을 삭감하고 1000여명을 단계적으로 도급근로자화하는 것을 내용으로 하는 4월1일의 노사합의안을 부결시킨 결과다.

지난해 12월부터 임금이 밀려 있고 채권단의 추가적인 자금지원이 없이는 공장 가동을 멈출 수밖에 없는 상황에 있는 것이 금호타이어다. 근로자들은 이런 상황을 직시하고 보다 현명한 선택을 해야 한다. 금호타이어의 회생을 위해서는 강도 높은 구조조정이 필요하다. 국내 시장에서 경쟁사의 2009년 영업이익은 3484억이었던 반면 금호타이어는 1992억원의 영업적자를 냈다. 금호타이어 근로자들의 평균연봉은 경쟁 회사보다 1000만원이나 더 높다.

특히, 합의안 부결에 따라 노조의 보다 적극적인 역할이 필요한 시점에 금호타이어노조가 심각한 노노갈등을 보이고 있는 것은 매우 안타까운 일이다. 노조 내 강경파들은 합의안 부결 직후 한때 집행부 퇴진과 재협상 등을 주장하며 노조사무실을 점거했다. 노사협상이 14일 재개됐으나 타결 전망은 어둡다.

금호타이어에서 벌어지고 있는 일련의 사태는 지난해 쌍용자동차노조의 이른바 '옥쇄파업'을 연상시킨다. 지난해 쌍용차노조는 구조조정을 반대하면서 장기간 공장을 점거하고 농성을 했지만 결국은 전체 근로자의 30% 이상이 회사를 떠났다. 또한 쌍용차노조의 전 지부장은 공장을 점거하면서 폭력시위를 벌이고 회사의 영업이익을 방해한 혐의로 현재 1심에서 징역 4년을 선고받고 복역중이다.

경영위기에 따른 구조조정은 현대의 글로벌화한 경제 환경에서 그 어느 기업도 피할 수 없다. 그렇지만 구조조정으로 정리해고된 근로자들이 회사 경영이 회복된 뒤 일터로 복귀한 사례는 많다.

1997년 말 한국을 강타했던 외환위기로 회사가 어려워지자 직원의 절반 가까이를 정리하는 대규모 구조조정을 노조와의 합의 아래 단행했던 노루페인트는 경영 실적이 회복되자 정리해고자 전원을 복직시켰다. 노사 합의로 원만하게 진행된 강도 높은 구조조정이 노루페인트 회생의 전기가 됐고 결국은 모든 노루페인트 근로자들의 일자리도 지켜질 수 있었다.

GM대우의 경우 GM이 파산위기의 대우자동차 인수시 2000여명을 정리해고 했는데, 당시 경영진은 경영이 정상화하는 경우 전원 복직시키겠다는 약속을 했고, 실제로 GM대우의 정리해고자는 1600여명의 희망자 전원이 2006년까지 다시 일터로 돌아왔다.

금호타이어노조와 노조원은 동료 근로자들을 떠나 보내야 하는 아픔을 당장은 감수해야 한다. 필요한 구조조정을 받아들이면서 이를 재도약할 수 있는 계기로 삼아야 한다. 노조도 자신들의 정치적 이익에 골몰하는 계파간 싸움은 그만두고 금호타이어를 하루 빨리 정상화시키는 데 앞장서서, 떠나보내야만 하는 동료들을 다시 불러들이고 깎이고 반납한 임금도 다시 받을 수 있는, 경영실적을 만들어야 한다.

24. 노사관계 선진화, 공기업이 선도해야[24)]

노사관계에 변화의 바람이 불고 있다. 제도적으로 7월1일부터 사용자의 노조 전임자에 대한 임금 지급이 금지되고 근무시간중

24) 문화일보 〈포럼〉 (2010. 3. 17)

전임자의 노조 활동을 제한적으로 허용하는 근로시간면제 제도가 시행된다. 또 내년 7월1일부터는 단위사업장에 복수노조가 허용되는 등 노동 분야 법제도가 선진화됐다.

민주노총의 투쟁적 · 정치지향적 노선에 염증을 느낀 많은 노동조합들이 민주노총을 탈퇴해 제3의 노총을 결성하려는 움직임도 가시화하고 있다. 노조활동에 대한 과도한 지원 등 불합리한 노사 관행이 현장에서 상당히 개선되고 있다. 노동부에 따르면 전년도의 불합리한 노사 관행 개선 실적이 목표치의 2배였다. 국내 노사관계를 선진화하는 변화의 중심에는 공공기관이 있다. 민주노총을 탈퇴한 노조 등이 결성한 새로운 노동운동 연합체인 '새희망노동연대'는 서울지하철노조 등 공기업 노조가 주도하고 있다.

지난해 경제위기 속에서 6000개가 넘는 기업에서 임금을 동결하거나 노사협력선언을 했으며 2000여개 기업의 노사가 일자리 나누기에 참여했다. 많은 공공기관이 임금 동결이나 일자리 나누기를 선도했다. 특히 경영진 등 간부 직원들이 임금을 삭감한 공공기관들이 상당수 있었다.

한국도로공사의 최고경영자(CEO)는 경영 효율화를 위한 인력 감축, 임금 동결 및 반납을 선도적으로 추진했는데, 노조의 강력한 반대를 수백 차례의 현장 방문을 통해 현장의 목소리를 듣고 현장의 근로자들을 설득함으로써 극복할 수 있었다. 도로공사

CEO와 경영진은 노조와도 수시 면담 및 방문을 통해 공공기관 선진화에 대한 공감대를 형성했다.

KOTRA도 상호 대화, 협력 및 양보의 열린 커뮤니케이션을 통해 노사가 함께 성장하는 상생의 노사문화를 창출한 대표적인 사례다. KOTRA는 노조 창립 이후 무분규의 전통을 이어 왔으나 최근의 임금 동결, 인센티브 삭감, 정원 감축 등에 대한 직원 불만이 고조됐고, 경영층이 선도적·주도적으로 공식, 비공식 대화를 확대해 '상호 존중과 신뢰로 공사의 미래를 함께하는 동반자'라는 인식을 노사가 공유하게 됐다. 특히 해외 근무자가 많은 공사의 특성을 고려해 CEO는 해외 근무 직원들과 '화상 온라인 미팅'을 수시로 개최하는 등 글로벌 사내 커뮤니케이션 체계를 구축했다.

철도공사는 노사관계의 잘못된 관행을 개선하려는 공사의 노력을 단체협약의 개악이라고 반발하고 공공기관 선진화 철회와 해고자 복직을 주장하며 파업 및 태업을 반복해 온 노조에 대해 법과 사규에 따라 원칙적으로 대응해 노조위원장의 무조건 현장 복귀 선언을 이끌어냈다. 내부 임직원 중 상임이사 임명을 제청하거나 노사 동수의 정리해고위원회 구성을 의무화하거나 근무시간중 노조활동을 회사의 동의 여부와 관계없이 할 수 있었던 단체협약의 불합리한 조항도 많이 개선됐다.

특히 7월1일부터 시행되는 노조전임자에 대한 사용자의 임금

지급 금지와 관련해 광해방지사업단은 노조위원장이 현장 복귀를 선언하고, KOTRA는 노조전임자 수를 정부 기준보다 줄이는 조치를 선행하는 등 새로운 노사관계 법제 시행에 선도적으로 대응하는 공공기관이 있다는 사실은 매우 고무적이다.

대립적 노사관계는 외국 기업들이 한국에 대한 투자를 꺼리는 요인일 뿐 아니라 한국 기업들도 국내보다는 해외에 투자하도록 만들고 있다. 지난해부터 보여준 많은 공공기관에서의 노사관계 선진화 노력이 강도있게 지속적으로 추진돼 공공기관이 노사관계의 선진화를 이끌어야 한다.

25. 현대차노조 상생선언, 실천이 중요[25)]

현대자동차노조는 23일 '토요타나 GM · 포드 등 경쟁사들의 불행을 막연히 기회로 받아들이기보다는 이런 때일수록 유비무환의 자세를 갖고 노사가 공존공생하기 위한 정책적 진단이 필요하다'고 전제하고 새로운 노사관계 패러다임 구축을 위한 노조의 역할을 제시했다.

품질 향상을 통해 현대차의 경쟁력을 제고하고 회사의 원가절

25) 문화일보 〈포럼〉 (2010. 2. 26)

감 및 생산성 향상 노력에 적극적으로 협조하고, 근무시간을 철저히 준수하는 등 현장의 노동문화를 개선하고 소비자가 선호하는 차종의 생산을 늘리며 시장에서 팔리지 않는 차량의 생산이 축소될 수 있도록 공장간 생산 물량이 이동되는 방안을 강구하겠다는 것이다. 또한 사회공헌 활동을 확대해 현대차노조에 대한 부정적 이미지를 개선하고 회사 발전이 곧 나의 발전이라는 주인 의식을 조합원들에게 고취시키겠다고 밝혔다. 지난 20여년간 단 한 차례를 제외하고는 매년 파업을 하는 등 한국의 비타협적 강성 노동운동을 선도해 온 현대차노조로서는 코페르니쿠스적 전환을 하겠다는 선언을 했다고 볼 수도 있다.

전세계적으로 몇 백만대의 자동차를 리콜하고 자동차 결함에 대한 은폐 의혹으로 미국 의회의 청문회에 서는 등 세계 1위의 자동차 기업 토요타의 위기는 지난해 글로벌 금융위기에도 불구하고 미국 시장에서 점유율을 높이고 사상 최대의 흑자를 기록한 현대차의 또 한번의 도약 기회다. "지금까지 노사가 해 온 소모적인 논쟁은 지양하고 새로운 윈윈 전략으로 돌파구를 찾기 위해 노사가 힘을 합쳐야 할 것"이라는 노조의 선언이 행동으로 이어져 흔들리지 않는다면 현대차의 세계 1등 자동차 기업으로의 전진을 가로막는 최대 걸림돌이 제거될 수도 있을 것이다.

특히 극심한 노-노, 노-사 갈등을 초래해 온 공장 간 생산물량 이관 문제를 적극적으로 해결하겠다는 노조의 태도 변화는 현대차의 경쟁력 향상을 위해 주목할 만하다. 올해만 해도 울산 3공장의 아반떼 후속 모델 생산을 앞두고 일감이 부족한 2공장에 일부 물량을 이전해야 하지만 3공장 노조의 반발로 실행에 옮기지 못하고 있었다. 이제 '품질 좋은 명차 생산이 곧 고용안정'이라는 인식의 전환에서 출발한 노조의 선언이 단순한 '말잔치'로 끝나지 않도록 구체적인 실천 대안을 노사가 고민하고 실행하는 것이 과제다.

한국 노동운동에 상생적 노사관계의 모범 답안을 제시하고 있는 현대중공업의 사례를 현대차노사는 적극적으로 벤치마킹할 필요가 있다. 국내 조선업계의 수주잔량은 2008년의 77% 수준이고 2년간 신규 수주는 거의 없고 계약 취소는 늘어나는 위기 상황에서 현대중공업노조는 지난해 임금 인상안을 경영진에 위임했고 회사는 고용 보장 약속으로 화답했다. 올해에도 일감이 부족한 조선부문 인력을 5개 사업부에 재배치하기로 노사가 합의, 일자리 나누기로 위기를 극복하고 있다.

글로벌 경쟁시대에 시장에서 영원한 승자는 없다. 자동차 결함, 이를 은폐하기 위한 로비 의혹 등으로 창립 이래 최대의 위기를 맞고 있는 토요타자동차도 불과 2년 전에 100여년 역사의 GM을 제치고 세계 제1위 자동차 기업으로 등극해 전 세계 언론의 갈채를 받았다. 현대차노조뿐 아니라 정치 지향의 계파주의에 물든 한국의 강성 노조는 외국인 투자 유치를 가로막은 최대 장애요인 중의 하나일 뿐 아니라 한국 기업도 국내보다는 해외에 공장을 세워 결과적으로 국내에는 일자리가 부족해 청년실업자가 양산되는 단초를 제공해 왔다.

현대차노조의 상생선언이 구체적 실천으로 뒷받침돼 현대차뿐만 아니라 국내 노사관계의 고질적 갈등 구조가 극복되는 전기가 되기를 기대한다.

26. 노사발전의 시금석 '타임오프제'[26)]

노사관계의 제도적 환경이 크게 변화하고 있다. 사용자의 노조 전임자에 대한 급여지급 금지 조항이 근로시간 면제제도로 대체돼 오는 7월1일부터 시행되고 단위사업장의 복수노조 설립이 내년 7월1일부터 허용되기 때문이다.

근로시간면제제도가 새로 도입되면서 노사관계 불안이 더욱 커질 것으로 보인다. 특히 구체적 시행방안을 마련하는 단계부터 노·사·정간 충돌이 예상된다.

사용자가 전임자 급여를 지급해 온 오래된 관행 때문에 전임자 급여지급 금지 위반에 대한 처벌을 13년간 유예해 왔다. 그

26) 한국경제 〈시론〉 (2010. 2. 10)

러나 노사관계를 선진화하기 위해선 더 이상의 유예가 바람직하지 않다는 인식 아래 이번 법개정에선 유급근로시간 면제제도를 도입해 전임자 급여를 사용자가 지급하는 관행을 개선코자 하는 것이다.

문제는 노·사·정 합의 이후 입법 단계에서 근로시간면제 한도를 둘러싼 노사간 공방과 혼란이 예상된다는 점이다. 노동계 일각에서는 근로시간 면제제도를 노조전임자에 대한 사용자의 급여지급 제도 정도로 여기고 있다. 최근 한나라당은 정책연대를 맺고 있는 한국노총의 요청을 받아들여 상급단체 파견자도 근로시간 면제대상에 포함하고, 면제시간을 활용할 인원을 제한하지 말도록 정부에 요구했다.

그러나 근로시간 면제의 총량과 구체적인 범위를 정하는 데 있어서 전제조건은 노조전임자 급여는 노조원들이 스스로 부담하도록 하는 것이 바람직하며, 근로시간 면제제도는 이러한 관행을 정착시키기 위한 과도기적 단계로 보는 것이 타당하다. 또 근로시간 면제제도의 도입으로 노조전임자 수가 약 절반 정도로 줄어들 것이라는 관측이 일반적이지만 구체적으로 면제되는 근로시간의 총량과 인원은 금년 상반기에 이뤄질 실태조사 결과에 따라 좌우될 것이다.

노사 모두 전투적으로 문제를 풀어나가려는 태도는 도움이 되지 않으며, 국가경쟁력을 제고하고 노사관계를 합리화한다는 차원에서 논의하고 합의해 나가야 할 것이다. 노사뿐만 아니라 면제되는 유급근로시간 면제의 총량과 구체적인 기준을 정하는 근로시간면제위원회의 주도권을 가지고 있는 정부의 의지도 중요하다.

한편 복수노조 도입과 관련해 교섭창구 단일화라는 예방적 조치를 마련하긴 했지만 우리나라 노사관계의 현실에 비추어 볼 때 복수노조 도입 초기 단계에서는 어느 정도의 혼란을 피할 수 없을 것으로 보인다. 내년 하반기 복수노조 시행을 앞두고 있는 현 시점에서 올해 근로시간 면제제도를 조기에 정착시키는지 여부가 복수노조 제도 시행과 관련해서도 관건이 될 전망이다.

한국에 투자하는 외국 기업들이 경영에 큰 애로를 느끼는 부분이 전투적 노조 때문이라는 점은 이미 잘 알려져 있다. 노사관계 법·제도의 급격한 변화로 우리 기업은 물론 우리나라에 투자한 외국기업들의 불안감도 큰 것으로 보인다. 한국경영자총협회(경총)의 조사에 의하면 경총 회원사의 88%가 올해 노사관계가 불안정할 것으로 보았다. 매년 경총 조사에서 노사관계를 불안하게 보는 회원사가 많았던 것이 사실이지만 올해처럼 90%에 가까운 기업들이 노사관계를 불안하게 보는 경우는 근래 들어 처음이다. 더욱이 우리나라 노사관계 분야의 경쟁력은 국제기구들의 조사 결과에서도 여전히 최하위 수준이다.

이러한 점을 들어 글로벌 경쟁시대에 노사관계의 코페르니쿠

스적 전환 없이는 우리나라가 국제 경쟁에서 앞서 나가기 어려울 것이라는 목소리가 높다. 이 같은 세간의 우려를 잠재우고 노사관계를 한 단계 진화하게 하는 해법이 필요하다. 최근 논란의 중심에 있는 노조전임자의 근로시간 면제제도나 복수노조 문제를 합리적으로 해결하고 정착시키는 것이 그 해법의 단초가 될 수 있을 것이다.

27. '상생' 지혜 발휘한 기아차 노사[27)]

임금인상을 둘러싸고 연초부터 부분파업에 들어가 '20년 연속파업'이라는 불명예를 안았던 기아자동차의 임금교섭이 타결됐다.

지난해 말 기아자동차 사측은 300%의 성과급 외에 460만원의 일시성과급 지급을 제시했으나 노조측은 같은 계열사인 현대차와의 형평을 이유로 성과급 300%와 일시성과급 500만원, 그리고 무상주 40주에 상응하는 보상을 하라며 파업에 들어갔었다. 하지만 지난 21일 합의된 타결내용을 보면 기아차 노사는 윈-윈의 협상 결과를 도출해 낸 것으로 보인다.

---

27) 한국경제 〈시론〉 (2010. 1. 24)

회사는 무상주 40주의 지급 요구를 제외시킴으로써 작년 무분규로 교섭을 마무리한 현대차와 차별화된 결과를 가져왔고, 과거에 관행적으로 존재했던 파업에 따른 조합원의 임금손실 보전을 하지 않음으로써 무노동-무임금의 원칙을 견지했다. 또 협상 때마다 반복돼 온 노조측의 해고자 복직, 고소고발 철회 요청 등을 끝까지 수용하지 않았다.

노조 측도 회사가 당초 제시했던 수준보다 높은 성과급 지급을 약속 받음으로써 지난해의 뛰어난 경영성과에 대한 보상을 받았다. 특히 지난해 3분기까지 영업실적이 전년 대비 170% 넘게 상승한 7327억원을 기록하고 내수 시장점유율이 30%를 웃도는 성과가 있었음에도 불구하고 경제위기 조기 극복이란 정부와 국민들의 여망에 따라 노사가 기본급 동결에 합의한 것은 매우 고무적인 현상이다.

최근 울산 시민단체인 '21세기 울산공동체운동'이 현대차 노조가 작년 15년 만에 파업 없이 임단협을 타결한 것에 감명받아 '21세기 울산공동체운동 대상'을 수여한 것은 지역공동체를 포함한 우리나라 전국민이 얼마나 상생의 협력적 노사관계 정착을 염원하는가를 잘 나타내고 있다.

기아차 노조가 부분파업을 벌였으나 과거와는 달리 조속히 합의한 것은 우리나라의 전반적인 노사관계가 대립과 투쟁에서 협력과 화합으로 가는 추세와 무관하지 않다.

지난해 우리나라는 노사분규로 인한 근로 손실일수가 62만 6921일로,전년 대비 23% 줄어들었다. 불합리한 노사관행을 개선한 사례도 1774건이나 돼 당초 노동부의 연간 목표치를 100% 이상 상회했다.

한편으로는 지난해 경제위기 속에서 임금을 동결하거나 삭감한 100인 이상 사업장이 2329개로 전년 대비 45% 늘어났다. 사회에 첫발을 내딛는 수많은 대졸자들이 제대로 된 일자리를 찾지 못하고 있다.

기아차가 사상 최대의 경영성과를 이뤄낸 것은 내수시장을 살리기 위한 정부의 파격적인 세제지원 덕택이었다는 것은 누구도 부인할 수 없는 사실이다. 그런 만큼 기아차 노사는 서로 화합하는 모습으로 국가와 국민에게 보답해야 한다. 파업기간 동안 따가운 시선을 보냈던 국민들에게 고개 숙여 용서를 구하고 지속적인 사회공헌 활동으로 이미지를 변신해야 한다. 아울러 기아차 노사는 국가경제에서 차지하는 막중한 위치를 인식하고 이번 노사합의를 경쟁력을 더욱 향상시키는 전기로 삼아야 한다.

우리나라가 OECD 국가 중 경제위기를 가장 성공적으로 극복한 나라로 외신에 보도되고 있지만 실질적인 실업자가 400만명을 넘어서는 등 고용상황은 개선되지 않고 있다. 중소기업이나 일반 시민들이 느끼는 경기체감지수 역시 냉랭하다.

국내 자동차업계는 위기 속에서 전열을 정비해 온 도요타,

GM, 포드 등 글로벌 메이저 업체들과 치열한 경쟁을 해야 한다. 노조 전임자에 대한 사용자의 급여 지급과 관련해 근로시간 면제라는 새로운 제도가 도입되는 등 노사관계 환경도 상당히 변화하고 있다.

기아차 노사가 반목과 대립의 구태를 청산하고 상생과 화합의 길로 들어서서 세계 초일류 자동차기업으로 변신할 것을 기대한다.

28. 공기업 인사 개혁 더 확산시켜야[28)]

퇴출될 염려가 없고 임금도 많이 받으며, 복리후생 혜택도 과도해서 주인인 국민으로부터 지탄을 받아 왔던 공기업들에서 변화의 바람이 불고 있다는 반가운 소식이 들린다.

일부지만 이미 민간 기업에서는 일반화해 있는 성과관리 체계가 도입되고 있다. 한국관광공사는 직위별 직급제를 철폐, 3급(과장급) 이상이면 누구나 1급직인 실장, 단장 및 2급직인 팀장에 보임될 수 있는 드래프트 인사제를 시행하고 성과가 저조한 상당수의 간부급 직원들에게 보직을 주지 않았다.

28) 문화일보 〈포럼〉 (2010. 1. 20)

한국산업인력공단은 성과가 부진한 간부급의 10%에 해당되는 기관장급 4명, 팀장급 8명에게 보직을 주지 않거나 하위직급으로 발령을 냈다.

앞으로도 1, 2급 직원의 10%에 대해서는 같은 조치를 할 계획이다. 또, 소방산업기술원은 최근 3년간의 성과 평가에 근거해 지난달 간부 4명을 무보직 발령했는데, 가스안전공사와 한국전력공사 등에서도 성과 평가를 하여 업무 성과가 부진한 간부들에게 보직을 주지 않거나 재교육을 시키고 있다.

지난해 정부의 공공기관 기관장 평가에서 '미흡'판정을 받아 기관장이 옷을 벗어야 했던 한국소비자원 등 공기업에서도 조직을 줄이거나 성과차등형 연봉제를 도입하거나 상위 직급을 줄이는 등 개혁 바람이 불고 있다.

지난해 토지공사와 주택공사를 통합해 출범한 거대 공기업인 LH공사는 19일 1급 직원의 37%를 일선에서 물러나게 하고 본사 인원의 50%를 현장에 배치하는 혁신적인 조치를 단행했다. 또한 1급 부서장 직위 중 약 3분의 1에 해당하는 25개 직위에 2급 팀장을 기용하고, 2급 팀장 및 지역본부 사업단장 50여 직위에도 3급 이하 직원을 발탁해서 임명할 계획이다.

그러나 이같은 개혁의 바람이 일부 공기업에서 그것도 일회성 조치로 끝나지 않을지 많은 국민은 우려하고 있다. 지난 정부에서도 청와대 내에 공공부문의 혁신을 담당하는 혁신수석

비서관을 둘 정도로 공공기관 구조 개혁에 역량을 집중했으나 5년간 305개 공공기관의 인원은 19만명에서 26만명으로 늘어난 반면 부채는 245조원에서 276조원으로 증가하고 연간 순이익은 31조원에서 17조원으로 줄어들었다. 그만큼 공공기관 개혁은 어렵다.

지난해 많은 공기업에서 인원을 줄이고 급여를 동결하고 대졸 초임을 삭감하는 선진화 조치가 이뤄졌다. 올해 정부는 지난 20여년간 형식적으로 운영돼 온 공공기관의 연봉제를 성과연봉제로 대체하도록 독려할 방침이다. 경제가 글로벌 금융위기의 여파에서 벗어나 본격적인 회복 조짐을 보이는 올해는 노조 등 내부 반발로 공기업 선진화가 지지부진할 가능성이 있다. 하지만 집권 3년차에 접어든 현 정부는 초심을 잃지 말고 공기업 개혁을 지속적으로 강도 높게 추진해야 한다.

공기업 선진화의 핵심은 노사관계의 선진화에 있다. 시장에서의 경쟁으로부터 보호되고 실질적인 주인이 없는 공공기관은 노조를 활용해 내부 구성원의 이익을 최대한 챙기는 노사간 담합 구조가 형성되기 쉽다. 노동부에 따르면 지난해 644개 민간 및 공공부문 사업장에서 1774건의 불합리한 노사관계 관행이 개선돼 노동부의 당초 목표치를 100% 이상 웃도는 실적이 있었다. 많은 공공기관에서 정부의 선진화 정책에 부응, 노조 전임자의 수를 줄이고 과도하게 경영권을 간섭하는 단협조항을 개정하는 등 노력을 했기 때문이다.

올해부터는 외부의 압력이 아니라 공기업 스스로 노사가 합심해 선진화·효율화를 추진하는 개혁적 조직 문화가 형성됐으면 한다. 공기업이 스스로 변화하고 선진화할 때 정권이 바뀔 때마다 공기업 개혁이 중점 추진 국정과제의 단골 메뉴가 되는 일은 사라질 것이다.

29. '타임오프제' 노사정합의 흔들지 말라[29)]

단위사업장에서의 복수노조 허용 및 노조전임자에 대한 사용자의 임금지급 금지와 관련된 노·사·정 합의가 지난 4일 어렵게 이뤄졌다. 주요 내용은 단위사업장의 복수노조는 2012년 7월부터 시행하되,복수노조 허용에 따른 부작용과 혼란을 최소화하기 위해 교섭창구를 단일화하기로 한 것이다. 또 사용자의 노조전임자에 대한 급여지급은 근로시간 면제제도로 대체하고 그 구체적 세부사항은 실태조사를 거쳐 내년 7월부터 시행하기로 합의했다.

복수노조 허용과 함께 자율적인 교섭권의 부여,그리고 사용자의 노조전임자 급여지급에 대한 부당노동행위 처벌 규제의 철폐

29) 한국경제 〈시론〉 (2009. 12. 10)

를 주장해 온 노동계 및 개별노조나,노조전임자 급여지급의 완전 철폐를 주장해온 경영계 및 개별 기업 입장에서는 합의내용에 불만이 있을 수 있다. 하지만 내년 현행법대로 시행되는 경우보다 제도변경에 따른 혼란을 줄일 수 있다는 측면에서 우리나라 전체의 노사관계 선진화뿐 아니라 노사 양측에도 모두 도움이 될 수 있는 윈-윈의 결과를 도출해 냈다고 평가할 수 있다.

그러나 노·사·정 합의를 바탕으로 한나라당이 노동관계법 개정안을 제출하면서 당초 합의안에 없던 내용을 포함시켜 논란이 되고 있다. 노조전임자에 대한 사용자의 급여지급과 관련해 통상적 노조업무를 하는 경우에도 노조전임자에 대해 임금을 줄 수 있도록 하는 조항을 추가한 것이다. 이 조항이 어떻게 추가됐는지 연유는 모르겠지만, 이는 어렵게 도출한 노·사·정 합의의 근본을 훼손하는 것이다.

노동계는 복수노조 허용은 원하되 노조전임자 급여지급 금지는 반대하고, 경영계는 복수노조는 반대하고 노조전임자 급여지급 금지는 원하는 등 서로 다른 입장이 맞물리면서 13년간 세 번 유예돼 오다 이번에 노사 양측이 한발씩 양보해 어렵사리 합의한 것이다. 한나라당 개정안의 조항이 추가된다면 노조전임자의 경우 근로시간 면제제도를 도입한 근본취지가 흔들릴 뿐 아니라 사용자의 비용 부담이 크게 늘어날 것이다.

기존 노·사·정 합의문에는 중소기업의 합리적 노조활동이 유지될 수 있도록 노사교섭, 협의, 고충처리, 산업안전 등 관련 활동에 대해 사업장 규모별로 적정 수준의 근로시간을 면제해 주도록 돼 있다. 그런데 한나라당이 임의로 추가한 '단체협약에 정하거나 사용자가 동의하는 경우 임금의 손실없이 통상적인 노조 관리 업무를 할 수 있도록' 허용할 경우 현재의 노조전임자 제도와 큰 차이가 없어지게 된다.

사업장 규모별로 근로시간 면제제도 총량제도가 도입될 것이므로 결과적으로 큰 차이가 없다고 주장할 수 있을지 모르나 내년 상반기 실태조사때 한나라당의 추가 개정안처럼 통상적인 노조관리 업무도 포함되면 근로시간 면제의 총량을 정하는 기준이 늘어나게 돼 결국은 면제받을 수 있는 근로시간의 총량도 늘어나는 결과를 초래하게 된다. 또한 통상적인 노동조합 관리업무를 무엇으로 규정하느냐 등에 대해 시행령을 정하는 과정에서 노 · 사 · 정 간 상당한 논란의 소지가 될 것이다.

국회 환경노동위원회 위원장인 추미애 의원이 민주노총이 빠진 이번 노 · 사 · 정 합의를 평가절하하면서 새로운 합의를 요구하고 있는 상황에서, 집권여당인 한나라당이 한국노총의 요구를 받아들여 이번 합의의 근본 취지를 무색하게 하는 새 조항을 삽입함으로써 민주당, 민주노총의 요구도 적극 수용할 수밖에 없다면 노 · 사 · 정 논의가 다시 원점으로 돌아가게 돼 지난 경험으로나 앞으로 남은 시간을 고려할 때 법개정이 결국 무산될 소지가 크다.

한나라당이 노동관계법의 개정없이 현행법대로 노동관계법이 시행돼도 큰 문제가 없다는 인식을 하고 있지 않다면 추가적인 사용자의 노조전임자 급여지급을 인정해 노·사·정 합의의 기반을 무너뜨리는 노동관계법 개정안의 관련 조항을 시급히 삭제해야 할 것이다.

30. 민주노총, 자기혁신 해야[30)]

파업으로 어느 고3학생이 S대의 수시모집에서 1차 서류전형에는 합격했으나 2차 면접시험에 응시하지 못했다는 안타까운 소식이 들리는 가운데 철도노조 파업이 8일 만에 끝났다. 리먼브러더스 파산 이후 불어닥친 경제위기가 아직도 끝나지 않은 상황에서 상대적으로 안정적이고 처우가 좋은 대표적인 공기업인 코레일 노조원의 파업에 대한 여론의 싸늘한 시선이 철도노조 집행부가 현장에서의 투쟁을 선언하고 파업을 접을 수밖에 없도록 한 것이지만, 연례적으로 반복되는 민주노총의 기획 파업에 국민은 단지 짜증만 날 뿐이다.

30) 세계일보 〈시론〉 (2009. 12. 8)

한국노총과 함께 우리나라 노동계를 대표하는 민주노총은 이제 자기 개혁을 통해 투쟁적이고 정치지향적인 노선을 과감하게 탈피해야 한다. 민주노총은 파업만능주의에 빠져 있다. 대화와 협의를 통해 문제를 풀기보다는 일단 파업하고 투쟁해 원하는 것을 얻고자 한다.

철도노조는 이번 파업에서도 6%대의 임금인상 등을 요구하고 교섭에 실질적인 진전이 없다는 이유로 파업에 돌입했다. 경제위기로 우리나라 경제성장률도, 근로자의 실질임금 증가율도 마이너스인데 국민이 주인인 공기업 노조가 임금인상을 요구하는 것은 단지 정부의 선진화 정책에 반대하는 이미 기획된 파업의 정당성을 확보하기 위한 구실일 뿐이었다.

세상은 변했고, 지금도 변하고 있다. 과거 민주노총 활동가들은 민주노총에 속했다는 이유만으로 노조 활동으로 탄압받아 심지어는 감옥까지 가는 경우도 있었다. 그러나 민주노총이 합법적인 노조로 인정받아 제도권의 틀 안에 활동한 지도 10년이 지났다. 국민들은 민주노총이 이제는 투쟁을 외치기보다는 글로벌 시장에서의 경쟁을 걱정하고 어떻게 하면 국가, 그리고 우리나라 기업의 경쟁력을 높일 수 있는지를 사용자와 함께 고민하는 것을 원하고 있다.

우리와 경쟁하는 외국기업의 많은 노조들은 일자리가 걱정돼 투쟁은 접고 공동의 몫을 키우는 것으로 노동운동의 방향을 선회했다. 우리나라에서도 노조위원장이 앞장서서 영업활동을 하고 완벽한 품질과 납기 준수를 보증하는 사례가 늘어나고 있다. 그러나 민주노총은 전 세계적 경제위기로 인해 회사의 경영이 어려워지자 노사협력선언을 한 소속 노조를 제명하는 시대착오적 행태를 보이고 있다.

우리나라 노사관계의 미래의 틀을 규정할 사업장 단위 복수노조 허용과 노조전임자에 대한 사용자의 급여지급 금지에 대한 노사정 합의에도 민주노총은 참여하지 않았다. 일부에서는 이번 노사정 합의가 한국노총, 한나라당, 경총 간의 야합이라고 비난하지만 많은 전문가는 민주노총이 자기들의 주장이 100% 수용되지 않는 한 합의에 참여하지 않을 것을 알기에 그들을 포함한 노사정 합의는 처음부터 가능하지 않다는 것을 알고 있었다.

민주노총은 지금까지 주요한 노사정 합의에 참여한 경우가 없다. 1998년 국가부도 상황에서 국가위기 극복을 위한 노사정 합의에 한 번 참여한 적은 있으나 내부 강경파의 반발 때문에 즉시 합의를 백지화했다. 민주노총은 대기업 노조를 주로 대변하고 있다. 민주노총은 비정규직 보호를 투쟁목표로 내세우고 있으나 실상은 민주노총 소속 대기업 노조가 비정규직을 만들어내고 고용을 불안하게 하고 있다.

많은 대기업에서 노조에 의해 보호되는 정규직보다는 파견근로자, 계약직 근로자를 선호하고 있다. 정규직에 대한 과도한 보호가 완화돼야 열린 노동시장이 구축돼 좋은 일자리가 많이 생겨나 비정규직이 줄어들 것인데 대기업 노조가 이를 가로막고 있는 것이다.

민주노총이 하루빨리 시대의 변화를 수용하고 자기 혁신을 통해 새로운 시대에 맞는 자기 역할을 정립해 국가 발전에 동참하기를 기대한다.

31. 노사정 합의, 연착륙이 문제다[31)]

지난 4일 노사정은 노조 전임자에 대한 사용자의 급여지급은 금지하되 타임오프제도를 내년 7월부터 시행하고, 사업장 단위의 복수노조 허용은 2012년 7월부터 시행하기로 했다. 두 제도는 지난 97년에 노조법에 규정된 이후 무려 13년간 시행 유보되면서 노사 간 첨예한 갈등을 낳았었다.

노동운동에 경쟁체제를 도입하고, 국제사회에 대한 약속을 지키기 위해선 복수노조를 예정대로 내년부터 시행해야 하며, 타임오프제는 산업현장에 혼란을 불러일으킬 소지가 있다는 이유로 반대했던 전문가의 한 사람으로서 노사정 합의 내용이 다소

---

31) 조선일보 〈시론〉 (2009. 12. 7)

실망스럽다. 그러나 지난 1달간 노사정 합의 과정을 보면서 이번에도 노사가 내심 유예를 원했다는 사실을 알 수 있었다.

노사정 합의의 물꼬는 복수노조를 전면 허용해야 한다는 기존 주장에서 복수노조 허용 반대 입장으로 선회한 한국노총의 장석춘 위원장이 텄다. 민주노총과의 연대를 파기하면서까지 기존 입장을 번복한 이면에는 복수노조가 허용될 경우 노노 간 경쟁에 대한 두려움이 있었을 것이다.

경영계도 대체적으로 노조 전임자에 대한 급여지급 부담보다는 복수노조 허용시 산업현장의 혼란을 더 우려한다는 것을 이번 합의과정에서 확인하였다. 노사정 합의가 없더라도 복수노조 허용에 따른 교섭창구 단일화를 행정법규로 강행하고자 하였던 노동부도 이에 대한 법적 근거를 마련할 수 있었기 때문에 복수노조 시행시기를 양보한 듯하다.

이번 노사정 합의과정에서 배제된 민주노총과 야당이 반발하고 있어 국회 법 개정이 쉽지 않을 것이라는 전망이다. 그러나 2006년 민주노총이 배제된 채 노사정이 법 시행을 유보했을 때 민주노총이 암묵적으로는 동의했다는 것을 고려하면 민주노총도 복수노조 허용이 2년6개월 연기되는 것을 내심 기뻐하고 있는지 모른다. 지난 97년 노조법 개정으로 상급단체에 복수노조가 허용되어 합법적인 노조로 인정받게 된 민주노총이 겉으로는 사업장 단위까지 전면적인 복수노조 허용을 주장하지만 상당수 민주노총 소속 단위 사업장 노조위원장들이 복수노조 허용에 따른 경쟁을 두려워하고 있기 때문이다.

이제부터 민주노총을 포함한 노사정은 복수노조 허용 및 새로운 제도인 타임오프제도가 산업현장에서 연착륙할 수 있도록 중지와 역량을 모아야 한다.

지난 13년간 3번의 유예가 노사정 간에 합의되면서 노동부 장관은 유예기한이 경과된 후에 적용될 교섭창구 단일화를 위한 단체교섭의 방법·절차 기타 필요한 사항을 강구해야 했다. 노동조합과 사용자도 전임자에 대한 급여지원 규모를 점진적으로 축소하고 노동조합의 재정자립을 도모하도록 법에 규정했으나 (계속적인 유예를 기대했는지는 모르지만) 노사정은 아무런 후속조치를 하지 않았다.

정부는 임태희 노동부 장관이 밝힌 대로 '관련 후속 규정과 각종 시행을 위한 매뉴얼을 마련하는 등 실질적인 준비'에 조속히 착수하여 복수노조 허용이 우리 산업현장에서 연착륙될 수 있도록 만반의 조치를 해야 한다.

특히 타임오프제도에 대한 명확한 기준 등이 마련돼야 한다. 타임오프제도 실시로 상급단체 파견 노조간부에 대한 지원이 금지되고 기업 부담이 반 정도 줄어들 것으로 예상(노동부 조사결과)되는데, 전임자를 과다하게 인정하고 있는 지금보다는 진일보한 것이다. 그러나 노사 간 새로운 분쟁 소지가 되고 결국

기업이 현재처럼 전임자 급여를 지급하게 될 것이란 우려를 해소해야 한다.

32. 파업이 웅변하는 공기업 개혁 수요[32)]

선진화를 통해 공공기관의 효율성을 제고하겠다는 공공기관장들의 다짐에도 불구하고 공공기관 선진화에 대한 국민의 기대수준은 그다지 높지 않다. 주인이 없는 공공기관에서 노조에 의해 보호되는 공공기관 직원들의 과도한 기득권을 깨뜨리기가 쉽지 않다는 사실을 잘 알기 때문이다.

이명박 정부는 출범 이후 공공기관에서 경영권이 침해되거나 과도하게 노조활동을 지원하는 것을 개선하려는 노력을 부단히 해 왔으나 아직은 갈 길이 멀다. 노조전임자는 물론 노조 간부의 인사이동도 사측이 노조와 사전 합의를 하는 공공기관, 노조 활동을 위해 출장을 가는 노조 간부에게 회사에서 출장비를 지급하는 기관도 있다. 또한 가사 등 개인적인 사유로 휴직을 해도 6개월간 기본급의 40%를 지급하는 공기업도 있다. 정부는 내년에 대학생 자녀의 학자금 보조를 융자로 전환하고 주택자금 대출금리를 시중금리로 상향 조정하는 등 공기업의 지나친 복리후

32) 문화일보 〈포럼〉 (2009. 12. 3)

생 혜택 축소 방침을 밝혔지만 노조의 반발로 쉽지는 않을 전망이다.

지난해 9월 촉발된 글로벌 금융위기로 국민의 삶이 녹록하지 않은 현실에서 공공기관 임직원들의 제 밥그릇 지키기는 도를 넘어서고 있다. 많은 국민이 일자리가 없어 구직활동을 포기하고, 특히 대학을 졸업해도 취직할 직장이 없어 젊은이들이 취업재수, 삼수까지 하는 상황에서 직장이 안정된 고임금 공기업에서의 단체행동은 공공기관의 주인인 국민의 분노를 사고 있다.

70여 차례의 교섭에도 불구하고 올해의 임금인상률, 해고자 복직, 공기업 선진화계획 철회 등 쟁점 사항에 대해 진척이 없다는 이유로 교섭결렬을 선언하고 노조가 11월26일 파업에 들어간 코레일은 올해 총 6700억원의 영업적자가 예상되는 등 지속적인 적자에도 직원 평균임금이 6000만원에 달하는 '신의 직장'이다.

올해 많은 공공기관에서 임금을 동결 내지 삭감했으나 코레일 노조는 6%대의 임금 인상, 과거 몇 차례의 불법파업으로 해고된 노조원들의 복직을 요구하고 있다. 코레일의 노조 전임자는 61명으로, 그들의 임금으로만 연간 30억원을 회사가 지급하고 있고 정부 기준 21명보다 3배 가까이 많다. 또 인사 발령시 노조와 협의해야 하는 노조 간부가 1000여명이나 된다. 민간 기업에선 상상도 할 수 없는 일이다.

코레일 사장의 기본연봉이 9203만원인데 연봉이 9000만원(성과급 포함)이 넘는 직원이 400명이 넘고, 지난 번 국정감사에서는 매표 전담 직원의 최고 직급 연봉이 7400만원 수준인 것으로 밝혀졌다. '국경일은 쉰다'는 단체협약에 따라 코레일 직원들은 2005년부터 '쉬지 않는 국경일'인 한글날에 쉬거나 휴일 근무수당을 추가로 받고 있다. 코레일 노조는 올 들어서만 4번째 파업을 하는 것이고, 2002, 2003, 2006, 2007년에도 파업을 했다. 법원은 2003년 철도 민영화 반대 파업에 대해 약 24억원(대법원 확정판결), 2007년 불법파업에 대해 약 70억원(고등법원 판결)을 노조가 회사측에 배상하도록 판결했다.

이번 철도노조 파업으로 철도를 이용하는 사람들이 큰 불편을 겪고 있고, 특히 물류 부문에서 국민경제적 피해가 크다. 철도노조는 명분 없는 파업을 당장 접고 현업에 복귀해야 한다. '저탄소 녹색성장시대'에는 국가 물류체계에서 철도의 역할이 매우 중요하다. 이웃 일본은 전체 교통 시스템을 철도와 연계함으로써 저탄소 배출을 유도하고 있다.

친환경 교통수단인 철도의 르네상스를 맞이한 호기에서 철도노조는 신의 직장에서 제 밥그릇을 지키는 투쟁보다는 철도산업의 경쟁력을 제고하는 데 앞장서서 사랑받는 국민 공기업 코레일로 만드는 데 일조해야 한다.

33. 복수노조 더 이상 미룰 수가 없다[33]

박성조 베를린자유대 교수는 11월 10일자 A35면 "서구가 버린 '복수노조'를 한국이 덥석"이란 시론에서 사업장단위에서 노사 갈등이 심화될 것이기 때문에 시대의 흐름에도 역행하고 국가 경쟁력을 떨어뜨리는 복수노조를 시행해서는 안 된다는 주장을 했다. 그러나 박성조 교수의 주장은 우리나라에서 왜 복수노조 허용이 논쟁의 대상이 되는지를 잘 이해하지 못한 데서 연유한다.

우리나라가 1997년 노동관계법을 개정하면서 복수노조를 허용한 것은 노동관계법에 정한 복수노조 금지 조항으로 합법적인 지위를 얻지 못한 현재의 민주노총 계열의 노동운동이 노조활동으로 인해 형사처벌을 받는 등 불이익을 받은 상황을 개선하고자 하는 것이다. 다만 단위사업장에서 복수노조 허용 시 우려되는 현장의 혼란을 대비하는 기간을 주기 위해 상급단체의 복수노조만 일단 허용하고 사업장 단위에서의 복수노조 허용은 당시 5년간 유예하기로 했다.

3번의 유예를 거쳐 13년의 기간이 경과한 현시점에서 민주노총계열 노동운동의 노조활동은 보장되어 있으니 1997년 법 개정 시 복수노조 허용의 실질적인 목적은 달성됐다고 볼 수도 있다.

---

33) 조선일보 〈기고〉 (2009. 11. 19)

그러나 사업장단위의 복수노조를 금지하는 법적인 규제는 풀어야 한다.

우리나라가 1991년 ILO에 가입한 이후 10여 차례 복수노조를 법적으로 허용할 것을 ILO로부터 권고받아 왔다. ILO 회원국으로 반드시 지켜야 할 결사의 자유를 보장하는 의무를 다하지 않은 것이기 때문이다. 1996년 OECD에 가입할 때도 복수노조 금지 조항 등 우리나라 노동상황이 문제가 되었다. 우리나라는 선진국들의 클럽이라는 OECD 가입의 전제조건으로 노조활동에 대한 과도한 규제를 푸는 것을 약속했고 그 이행상황에 대한 점검을 조건으로(굴욕적이지만) 가입했다. 그 이후 노동상황이 개선되면서 2007년 노동분야 이행상황에 대한 점검이 종료됐지만 그 당시에도 2010년 복수노조의 허용을 약속했다.

2010년 사업장 단위 복수노조 허용은 우리가 국제사회의 일원으로 반드시 준수해야 할 글로벌 스탠더드의 하나이며 국제사회에 대한 약속을 이행하는 것이다. G20 정상회담을 유치할 정도로 국제사회에서의 지위가 신장한 우리로서는 국가의 품격 면에서도 반드시 내년 초에 시행해야 한다. 더 이상 국내의 상황을 이유로 예외를 인정하여 달라는 어리광은 이제는 통하지 않는다.

노사는 복수노조 허용을 전제로 사업장 단위 복수노조 허용 등 노사관계 선진화 제도가 연착륙할 수 있는 방안을 도출하는

데 중지를 모아야 한다. 사업장에서 근로자들이 서로 경쟁하는 노조들 가운데 가입할 노조를 자유로이 선택하도록 하고 노조원들이 노조활동을 하는 전임자들의 급여를 부담할 때 우리나라의 노사관계가 정상화되고 국제사회의 리더로서의 품격을 지킬 수 있기 때문이다.

34. 공기업 노조의 '배부른 연대 파업'[34)]

발전노조, 가스공사노조, 철도노조 등 민주노총 산하 공기업 노조들이 6일 정부 과천청사에서 공동파업 출정식을 열고 연대파업에 들어갔다. 4일 민주노총 사무실에서 열린 '선진화 분쇄 공투본 파업돌입 기자회견'에서 공공부문 노조들은 "이명박 정부가 공공부문 노조들과 대화를 거부하고 공공부문 구조조정과 공공성 파괴를 멈추지 않을 경우 공동파업에 돌입하겠다"며 이번 파업이 정부의 공기업 선진화정책을 정면으로 겨냥하고 있음을 분명히했다.

그러나 공기업 노조들의 연대파업은 공기업 선진화에 대한 국민의 기대와 요구에 정면으로 배치되는 것이다. 2일 국회에 제출된 2008년 공기업 · 준정부기관 결산서에 따르면 공기업 · 준정부

34) 문화일보 〈포럼〉 (2009. 11. 6)

기관의 부채가 크게 늘어나서 지난해에는 영업이익으로 이자조차 감당하지 못했다. 특히 10대 공기업 부채는 지난해 157조3000억원으로 2007년 대비 37조원이나 늘었고, 2012년에는 300조원을 넘을 것으로 추정된다. 경영 효율화를 위해 노사가 합심, 불철주야 노력해도 부족한 상황에서 정부의 선진화 정책에 반대해 공기업 노조들이 공동파업을 벌이는 것은 노동운동의 본질을 벗어난 행위다.

이번 공기업 노조들의 공동파업은 기획된 파업이다. 철도노조는 노조가 제안한 집중교섭 및 대화를 코레일이 거부함에 따라 파업이 불가피하다고 주장한다. 하지만 처음부터 파업을 하기로 결정하고 오직 절차적 정당성을 확보하려고 했다. 철도노조는 9월30일 열린 '2009 임금교섭 첫 상견례'에서 교섭 결렬을 선언하고 중앙노동위원회에 조정신청을 했다. 또한 조정기간을 두 차례나 연장한 끝에 내린 10월30일 중앙노동위원회의 조정안을 사측인 코레일은 기본급 2.5% 반납이라는 당초 안에서 후퇴해 수락했으나 노조측은 거부하고 쟁의행위에 돌입키로 결정했다.

공기업 노조들은 정부의 선진화 정책을 반대할 뿐 아니라 사측에서 수용할 수 없는 요구들을 하고 있다. 발전노조의 경우 '노조 활동 관련 해고자는 즉각 복직한다'는 단협조항을 신설하고 내년부터 사용자의 급여 지급 대상에 부당노동행위로 처벌되는 전임자를 오히려 추가로 요구하고 있다. 가스공사노조는 원청 · 하청 계약 해지시 노조와의 합의, 공공참여 이사회 구성, 매년 세전 순이익의 3% 사회공헌기금 적립, 신기술 또는 자동화 설비 도입시 조합과 합의 등 단체교섭이나 쟁의행위의 대상이 될 수 없거나 법에 저촉되는 사항까지 요구하고 있다.

글로벌 금융위기로 민간 기업들은 일거리가 없어 급여를 몇 달치 지급하지 못하거나 임금이 대폭적으로 삭감되고 비정규직이 늘어나는 상황임에도 불구하고 공공기관 종사자들은 일자리 걱정 없이 일부 공기업 직원들이 임금을 동결하는 수준에서 고통분담을 해 왔다. 그런데 철도노조는 선진화계획에 따른 5000여명의 정원 감축으로 7000여개의 일자리가 위협받고 있다고 주장하나 공기업이기 때문에 코레일의 정원 감축에 따른 초과 현원은 자연 감소나 신규 소요 인력으로 충원하므로 강제적인 퇴직이 발생할 수 없는 '행복한' 상황이다.

우리나라는 글로벌 금융위기를 가장 성공적으로 극복한 나라로 주목을 받고 있으나 현재의 경제위기가 종료됐다고 보기는 어렵다. 상황 변화에 따라서는 더블딥이 올 수도 있다.

국민은 경제위기에 따른 고통을 같이 나누기보다는 공기업 노조나 근로자들이 '신이 내린 직장'에도 만족하지 못하고, 반드시 필요한 공기업 선진화를 반대하는 파업을 단행하는 것은 절대로 용납할 수 없을 것이다. 철도노조 등 공기업 노조들은 파업을 즉각 중단하고 대화의 장으로 돌아와 자신들의 이익 추구는 잠시 접어두고 공기업의 선진화·효율화에 적극적으로 동참하고 주도해야 한다.

35. 바람직한 노동운동 방향은[35)]

과거 한국의 노동운동이 반정부 투쟁에 매몰되어 있었다면 앞으로는 노근로자의 근로조건이나 경제지위적 향상에 주안을 둔 실용노선으로 가야 한다.

특히 최근 민주노총 탈퇴도미노와 최근의 현대차 온건·실용주의 노선 후보 당선과 같은 변화는 정치적이고 투쟁중심의 민주노총에게도 변화에 대처하기 위한 방안을 모색하게 하고 있다.

현대차노조가 최근 몇 년간 금속노조와 민주노총과는 독자적인 노선을 택한 현장 조합원들의 목소리를 발빠르게 수용했기 때문이다.

올해 노조와 기업간 양보교섭 및 협력선언은 지난해에 비해 2배 가까이 늘었다. 특히 민주노총 산하 노조에서의 사례는 3배나 늘었는데 총연맹과 산별노조 차원에서 이를 막고 있음에도 늘어

35) 아시아 투데이 (2009. 9. 29)

난 것은 실리 추구에 대한 현장노동자들의 욕구가 그만큼 크다는 것을 말해준다.

투쟁일변도의 노동운동은 현장과 중앙의 노동운동이 괴리감을 더욱 크게 할 뿐이다. 현장의 고민은 고용 안정이고 이는 사실 사측과 긴밀히 협력하지 않으면 이뤄내기 어렵다. 특히 현제 경기 침체기에 인적규모를 언제 조정해야 할지 모르는 불확실한 상황에서 사측과 노조와의 긴밀한 협조를 통한 서로의 이익 추구는 이제 큰 흐름으로 자리잡았다. 현실을 무시한 정치적인 투쟁 중심의 노동운동은 이제 더 이상 환영받지 못하고 있다.

이러한 면에서 공무원노조는 앞으로 우려되는 것이 훨씬 많다. 현재 통합공무원노조가 현 민주노총 집행부의 투쟁 중심의 노동운동을 따른다면 공무원노조도 집행부와 조합원들간의 괴리가 생길 수 있다. 현장 조합원들이 노조 집행부에 지속적으로 여론을 전달해야 한다.

36. 복지 챙기는 노조, 투쟁 나서는 노조[36)]

지난 22일 통합 전공노 · 민공노 · 법원노조가 민주노총 가입을

36) 한국경제 〈시론〉 (2009. 9. 27)

결정하면서 사회적 파장이 커지고 있다. 민주노총은 1999년 합법성을 인정받은 이후 지속적으로 보여준 투쟁지향성, 정치지향성으로 인해 일반 국민은 물론 노동운동을 아끼는 많은 사람들에게 실망을 안겨줘 왔다.

노동현장과 괴리된 민주노총의 투쟁 지향적 행태는 민주노총 주도로 이뤄진 지난 여름 쌍용자동차 파업사태에서 잘 나타난다. 정리해고가 불가피한 상황에서 금속노조 주도로 노조는 공장을 77일간 불법으로 점거했고, 파업 종료 후 쌍용자동차 노조원들은 현장 근로자들의 이익을 외면하고 정치 구호만을 외치는 민주노총에 환멸을 느껴 금속노조를 탈퇴했다.

지난해 리먼브러더스 파산으로 촉발된 글로벌 금융위기 이후 우리나라 노사현장에서는 변화의 바람이 불고 있다. 많은 기업에서 노조나 근로자들이 회사의 어려운 상황을 고려해 임금을 동결 혹은 삭감하고 노사협력 선언을 하는 사례가 대폭적으로 늘었다. 8월 말 현재 올해 협력선언을 한 노사의 사례는 2837건으로 지난해 같은 기간의 1550건보다 83% 증가했다.

특히 노조가 있는 기업이, 대기업 노조가 더욱 변화를 추구하고 있어 노조가 있는 기업, 대기업에서 양보교섭을 하거나 협력선언을 한 사례가 더 많다. 공기업 노조들도 변화에 동참하고 있다. 지난 14일 한국공항공사 노조는 조합원 총회에서 전 직원의 임금을 6.8% 삭감하기로 결정했다. 이념투쟁, 정치투쟁에 빠져

현장의 목소리를 외면하고 계파간 싸움으로 노동운동의 방향성을 제시하지 못하는 민주노총을 탈퇴하는 노조와 노조원이 올해만 20여개, 3만5000명이 넘었다.

지난 21일자 한국경제신문 보도에 따르면 올해 민주노총을 탈퇴한 한 노조 관계자는 '예전 같으면 7~9월은 민주노총의 파업지침을 하달받느라 바빴지만 올해는 조합원 복지 현안을 챙길 수 있었다'고 밝히고 있다. 노사현장에서 노사협력이 확산되고 KT 노조, 인천지하철노조 등 민주노총 핵심사업장의 노조들이 실용주의를 표방해 민주노총을 탈퇴하는 등 우리나라 노사관계에 일어나고 있는 이 같은 새로운 변화의 바람에 민주노총도 이념지향적 정치투쟁 노선을 버리고 동참했으면 하는 것이 모든 국민들의 바람이다.

지난 24일 치러진 우리나라의 대표적 강성노조인 현대자동차 노조 지부장 선거에서도 15년 만에 정치투쟁을 지양하는 실리온건 노선의 지부장이 당선되는 등 노동운동 흐름이 긍정적으로 변하고 있는 시점에서 법적으로 정치활동을 할 수 없는 공무원노조가 정치투쟁에 몰두하고 있는 민주노총에 가입하기로 결정한 것은 국민들로서는 수용하기 어렵다.

전공노는 공무원노조가 인정되지 않았던 2002년 설립돼 노동3권의 완전보장을 요구하며 2004년 연가투쟁을 벌여 정부는 투쟁에 참가한 442명을 파면 또는 해임하는 등 2600여명을 징계했다.

그 당시 해직된 노조원들이 현재 전공노의 활동을 주도하고 있는 것으로 알려져 있다. 전체 공무원의 11% 정도만을 대표하는 전공노가 정부가 추진하고 있는 연금개혁, 구조조정 등 공공부문의 선진화를 저지하는데 앞장서고 그 과정에서 법의 집행을 담당하는 공무원들이 오히려 법을 지키지 않는 사태가 오는 것을 국민은 매우 우려한다.

통합전공노는 이념투쟁에 몰두하면서 정부와 대립각을 세우는 이제까지의 행태를 버려야 한다. 국민의 공복인 공무원을 대표하는 조직으로 민주노총에 새로운 변화의 바람을 가져오는 기폭제가 돼야 한다. 전공노가 변화의 모습을 보이지 않는 다면 전공노 소속 공무원노조원들은 결국 쌍용자동차 노조원, KT 노조원들과 같이 민주노총을 탈퇴하는 결정을 할 것이다.

37. 공무원노조 현행법 지켜라[37)]

22일 전국공무원노조, 민주공무원노조, 법원공무원노조 3개의 공무원 노조가 통합과 함께 민주노총에 가입하기로 결정함에 따라 향후 우리나라 노사관계뿐만 아니라 사회 전체에 미치는 파

37) 세계일보 〈시론〉 (2009. 9. 23)

장이 작지 않을 전망이다.

민주노총의 입장에서 보면 세력 회복의 전기가 될 것이다. 글로벌 금융위기 이후 KT, 인천지하철공사, 쌍용자동차 등 민간 및 공기업 17개 노조, 3만5000명이 현장을 외면하고 정치투쟁에 몰두하는 민주노총에 염증을 느껴 탈퇴하는 등 민주노총은 수세적 입장에 있어 왔다. 그러나 통합 전공노가 민주노총에 가입하면서 6만7000명의 추가 조합원을 확보함에 따라 노조원 수 측면에서 한국노총을 제치고 우리나라 제1의 노총이 됐다. 그러나 국민의 입장에서 보면 전공노의 민주노총 가입에 대해 우려하는 바가 크다. 전공노의 발전과정을 볼 때 노정 간 충돌은 불가피해 보인다.

전공노는 2003년 설립 때부터 노동3권의 완전보장을 주장했고 2005년 연가투쟁을 한 바 있다. 연가투쟁에 참가한 공무원 2000여명이 중징계를 받았고, 2006년 말 공무원 노조가 인정된 이후에도 노동3권의 보장을 요구하면서 노조 인정을 정부에 신청하지 않았다.

이번 통합과정에서도 민주노총과 전공노는 "정부가 전국공무원노조 등 3개 공무원노조의 통합 및 민주노총 가입 찬반투표를 조직적으로 방해했다"며 부당노동행위와 직권남용 혐의로 국무총리와 행정안전부 장관을 서울중앙지검에 고발할 계획이라고 밝혔다.

민주노총의 정치지향적, 투쟁지향적 성향으로 볼 때 전공노가 결국 정치투쟁에 주력할 개연성이 크다. 민주노총은 향후 한미 자유무역협정(FTA) 반대, 미국산 쇠고기 수입 반대, 이라크 파병 반대 등 주요 국가 정책에 대해 시민단체와 연계해 투쟁하면서 불법시위를 주도해 왔다. 전공노가 민주노총의 정치투쟁의 선봉에 선다면 공무원 노조법의 정치활동 금지를 위반하게 되기 때문에 참여하는 공무원의 중징계는 불가피할 것이다.

공무원노조는 노조 인정 시부터 노동3권의 보장을 지속적으로 요구해 왔으나 많은 국민은 우리 현실에서 공무원 노조가 과연 필요한가 하는 생각을 하고 있다. 공무원은 법률상 신분보장이 돼 있기에 고용이 보장된다. 글로벌 경제위기 속에서 다니던 직장에서 정리해고되는 국가의 주인인 국민의 입장에서는 공무원들이 보다 좋은 처우를 요구하고 국가정책에 반대하면서 단체행동을 하는 것을 용납할 수 없을 것이다.

독일의 경우에는 공무원의 신분을 가지면 노조원이 될 수 없다. 공무원노조가 노조활동의 완전 보장을 요구한다면 우선적으로 공무원 인사제도도 고용의 유연성이 확보되는 방향으로 바뀌어야 한다. 국민의 입장에서 보면 공무원 노조가 정부조직 내에서 감시자 역할을 하기보다는 이른바 '철밥통'이라는 공무원 조직 이익에 지나치게 매달리고 있다.

통합 공무원 노조는 민주노총이 주장한 대로 '공직사회의 부정부패를 뿌리뽑고 공무원 조직을 보다 더 투명'하게 하는 데 역량을 쏟아야 한다. 공무원 조직을 보다 투명하고 민주적으로 바꾸고자 한다면 공정하고 엄정한 법집행의 책임을 지고 있는 공무원의 노조는 현행법부터 준수해야 한다. 지자체의 많은 공무원 노조는 현재 공무원노조법에 금지돼 있는 전임자에 대한 급여를 지원받고 노조사무실도 무상으로 제공받고 있는 것으로 알려져 있다. 이와 같은 불합리한 관행은 전공노 스스로 고치도록 해야 한다.

또 민주노총이 투쟁지향적 노선을 버리고 온건 합리적으로 전환되는 데 전공노가 역할을 해야 한다. 보수적인 속성을 가진 공무원 조합원 11만명의 전공노는 민주노총이 정치투쟁을 접고 국가경쟁력 제고에 기여하는 방향으로 노선 전환을 하도록 이끌 수 있다. 전공노는 공무원노조법에 충실하며 노조활동을 해야 한다. 노정 간의 갈등을 가져올 정치활동은 지양해야 한다.

38. 노동 현안, 더 이상 외면해선 안된다[38)]

내년 1월1일부터 시행하도록 돼 있는 단위사업장의 복수노조

38) 문화일보 〈포럼〉 (2009. 9. 22)

허용과 노조 전임자에게 급여 등을 지원한 사용자의 부당노동행위에 대한 처벌 등을 규정한 '노동조합 및 노동관계 조정법'(노조법)의 관계 조항 개정 방향에 대해 정부가 뚜렷한 방침을 제시하지 않고 있어 일선 현장의 많은 사업주 및 노조 관계자들이 불안해하고 있다.

최근 열린 한 토론회에서 노와 사가 조속히 합의할 것을 종용하며 이번에는 노와 사가 합의하지 않더라도 법은 시행될 것이라고 노동부 관계자가 압박성 발언을 했다. 하지만 법 시행일이 3개월 정도밖에 남지 않은 시점에 여전히 정부의 법 개정 방향을 밝히지 않은 채 노사 합의만을 강조하는 것을 보고 많은 참석자들은 그 진정성을 의심했다.

사업장 단위 복수노조 허용은 국제노동기구(ILO) 및 경제협력개발기구(OECD) 등 국제기구의 권고에 따라 1997년 법 개정으로 한국 정부가 그 시행을 국제사회에 이미 약속했다. 그러나 기업별 노조가 지배적인 국내 노사관계의 특성상 복수노조 허용에 따른 혼란을 최소화하기 위해 5년간 (이후 2차례의 개정을 거쳐 올해 말까지) 유예하면서 노동부장관은 법 시행 전에 '교섭창구 단일화를 위한 단체교섭의 방법 · 절차, 기타 필요한 사항을 강구해야 한다'고 노조법 부칙 제5조는 규정하고 있다.

복수노조 허용시 교섭창구 단일화의 방법 및 절차에 대해 노와 사가 합의에 이르는 것은 구조적으로 어렵다. 복수노조 금지가 국내 노동 현장에서 그리고 국제사회에서 문제가 된 것은 이 조항으로 인해 민주노총 계열의 노동 운동가들이 탄압받았기 때문이다.

민주노총이 노조로 인정받고 상당한 세력을 확보한 현 시점에서 한국노총은 물론 민주노총 산하의 많은 노조는 사실상 사업장 복수노조의 허용을 내심으로는 그다지 반기지 않고 있다. 자신들의 기득권이 도전받을 수 있기 때문이다. 현재 노사관계가 안정돼 있는 많은 기업은 복수노조 허용을 반대하고 있다. 노사 현장이 불안정해질 것이기 때문이다.

노조 전임자에 대한 사용자의 급여 지원은 노동계의 재정적 기반을 약화시킬 것이며 따라서 노동계는 노사 자율을 주장하고 있다. 노사 각각의 이 같은 이해득실로 인해 관련 조항이 노사 합의로 13년간 유예돼 왔고 또 다시 유예될 가능성이 있다고 보는 이유다.

정부와 국회가 법 시행 3개월밖에 남지 않은 지금까지도 노사 합의만을 종용하고 있는 것은 일종의 직무유기다. 노동관계법을 고치면서 노와 사의 의견을 충분히 듣는 것은 대단히 중요하다. 그러나 마지막 결정은 정부와 국회의 몫이다.

복수노조 허용은 (다른 모든 나라가 하고 있으므로) 글로벌 경제 시대에 우리가 국제사회 일원으로 최소한 지켜야 할 사항이다. 하나의 사업장에 여러 개의 노조가 생길 경우 국내 노사관계에 상당한 혼란이 우려되는 만큼 정부와 국회는 대책을 조속히 마련해 혼란을 최소화해야 한다. 그리고 노조 전임자에 대한 급여 지급은 국내 노동운동이 제자리를 잡지 못하고 있는 이유 가운데 하나다. 노조 전임자의 급여 문제는 노조 조합비를 인상해서 해결해야 한다. 국내 조합비는 월급의 1%로, 미국 3%, 일본 1.8%에 비해 상당히 낮다.

이와 함께 비정규직법의 개정도 서둘러야 한다. 해고 대란은 일어나지 않았지만 많은 사업장에서 소리 없는 해고가 일어나고 있다. 노동부 조사에 따르면 7월1일 이후 37%의 기간제 근로자가 정규직으로 전환되지 않고 해고돼 새로운 직장을 찾아 떠나야 했다. 또한 법 시행이후 정규직으로 전환되지 않고 해고되지도 않은 26%의 기간제 근로자들은 향후 법적 분쟁의 대상이 될 것이다.

39. 파업 중심의 노동운동, 이젠 변해야[39]

노조가 주도해 77일 동안 공장을 불법으로 점거했던 쌍용차 사태는 우리나라 노동운동이 여전히 구태의연한 투쟁적 행태를

39) 문화일보 〈포럼〉 (2009. 8.21)

벗어나지 못하고 있음을 잘 보여주었다. 우리나라에 투자한 외국인 최고경영자(CEO)들이 한국에서 기업을 하는 데 가장 어려운 장애요인의 하나가 전투적 노조이고, 노사관계 경쟁력지수가 세계 최하위라는 사실은 이제는 너무 많이 들어서 더 이상 언급할 필요도 없다. 하지만 전 세계를 휩쓴 경제위기 속에서 노사현장도 조금씩 희망을 주는 변화의 모습을 보여왔다.

노사협력 선언이 지난해에 비해 배 이상 증가하고 임금 삭감이나 동결 또는 근로시간 단축을 통해 일자리를 나눔으로써 경영위기를 노사가 합심해 극복하는 사례가 늘어나고 있다. 또한 영진화학노조의 사례와 같이 투쟁 일변도의 노선에 환멸을 느껴 민주노총을 탈퇴하는 노조가 늘어나고 있다. 우리나라 최대 노조의 하나인 KT노조가 최근 민주노총을 탈퇴함으로써 보다 온건하고 합리적인 제3의 노총 설립 가능성이 커졌다.

그러나 여전히 많은 사업장에서 황당한 파업이 일어나고 있다. 19일 민주노총 경주지부가 3시간의 시한부 총파업에 나서면서 출정식을 가져 1400여명의 민주노총 조합원이 자리를 비우는 바람에 외동공단 18개 업체의 생산이 마비됐다. 그런데 그 요구 조건이 경주시 재활용품 선별 시설에서 근무하던 조합원 15명을 무기계약직으로 고용을 보장하라는 것이었다. 하지만 위탁계약 조건에 '전(全) 직원의 고용보장과 임금삭감 금지'가 명시돼 있어 원하면 현 상태에서 고용이 승계되고 급여도 깎이지 않는다.

우리나라 최대 노조의 하나인 기아차 노조는 기본급 5.5% 인상, 임금 인하 없는 주간연속 2교대제 실시를 요구하며 부분파업을 벌이고 있다. 올해로 19년째 연속파업의 기록(?)을 세우고 있는 기아차노조의 파업으로 인한 생산 차질액은 6000여억원에 이른다. 기아차노조는 상반기 순이익이 4000여억원에 이르는 등 최고의 성과를 냈으니 현재보다 하루 2시간씩 일은 덜 하되 임금을 더 받는 교대제 변경을 시행하자고 주장하고 있다. 그러나 기아차의 순이익 증가는 경기침체를 우려해 정부가 자동차에 대한 세금을 줄여준 특혜에 의한 것인데, 경제위기 속에 많은 국민이 고통을 받고 있는 현실에서 기아차노조는 일은 줄이고 임금은 더 달라고 하는 것이다.

조합원 610명의 한국3M노조는 전임자 5명을 요구하는 파업을 7월2일부터 벌이고 있다. 회사측은 올해 14만1625원의 임금 인상을 제안한 바 있는데, 이는 금속노조가 올 임금 인상 공통 요구안으로 제시한 기본급 8만7709원 인상보다 60% 이상 높다. 노조는 임금 인상 요구액은 제시도 하지 않은 채 노조 전임자 5명, 교섭 대표 8명 인정 등을 요구하며 파업을 풀지 않고 있다.

우리나라 노동운동, 특히 민주노총은 변해야 한다. 많은 나라와 선진 기업에서 노조가 앞장서서 생산성 향상을 주도하고 있다. 위기 속에서 노와 사로 나뉘어서 다투는 것보다는 합심해 성과를 높이는 것이 각자에게 돌아갈 몫이 커진다는 것을 역사적 경험을 통해 체득했기 때문이다.

"빨간 조끼를 입은 노조 지도부가 현장에서 사라지니 생산성이 2배로 올랐다"는 한 쌍용차 협력업체 대표의 말은 우리나라에서 투쟁적인 노동운동은 더 이상 발을 붙일 수 없는 상황으로 가고 있음을 시사한다. 1980년대 민주화 이후 우리나라의 노동운동은 현장에서 노동자의 정당한 목소리를 대변하는 등 많은 긍정적인 역할을 한 게 사실이다. 그러나 이제는 투쟁 위주, 조직 노동자의 이익만을 주장하는 편협한 행태에서 벗어나야 한다.

40. 현대車 노조 '살려면 버려'40)

현대자동차가 갈등적 노사관계로 또다시 혼란스럽다. 지난달 16일 금속노조 현대차 지부장이 임기 도중에 전격 사퇴했기 때문이다. 노조지부장이 사퇴하는 경우 노조의 다른 임원들도 자동적으로 사퇴하는 것으로 규정한 노조규약 때문에 전 집행부가 사퇴했고 결과적으로 올해 임단협이 전면 중단된 상태이다.

글로벌 금융위기로 101년 역사의 미국 GM이 해체되는 등 전 세계 자동차 산업이 지각변동의 소용돌이에 휘말려 있는 가운데

---

40) 한국경제 〈시론〉 (2009. 7. 1)

노노 갈등으로 현대차 지부장이 중도에 사퇴하는 초유의 사태가 발생해 우리나라 자동차산업을 아끼는 많은 국민들을 안타깝게 하고 있다.

지난 100여년간 세계 자동차 산업을 이끌어 온 GM의 파산은 우리나라 자동차 산업에 주는 함의가 매우 크다. 17개 공장 폐쇄, 100만대의 생산능력 감축, 2만명 이상의 감원 등으로 귀결된 GM의 구조조정은 부단한 혁신과 노력이 없이는 세계 초일류기업도 생존할 수 없다는 것을 잘 보여주고 있다. 특히 GM은 장기적 비전이 없는 경영진이 노조의 무리한 요구를 큰 문제의식없이 수용했다 낭패를 봤다. 단적인 예로 자동차 한 대 판매금액중 전 · 현직 직원들에 대한 의료비 지원이 1500달러까지 상승하는 상황에 이르렀다. 뒤늦게 복지혜택 축소 등 대책을 마련했으나 이미 버스가 떠난 뒤였다.

GM의 파산은 우리나라 자동차 산업에 다시 한번 도약의 기회가 되고 있다. 중소형차에 상대적으로 강점을 가지고 있는 현대자동차는 세계적 경기침체에도 선전하고 있다.

환율효과 등으로 세계 최대시장인 미국에서는 오히려 시장점유율을 높이고 있으며, 최근 JD파워사의 신차 품질조사에서는 도요타와 혼다를 제치고 일반 브랜드로는 역대 최고 점수를 기록하며 1위에 오르기도 했다. 그러나 이러한 고무적인 소식에도 불구하고 현대차를 바라보는 국민들의 시선은 우려스럽

기만 하다.

노조지부장의 사퇴로 임단협이 중단되는 등 어느 정도의 혼란은 불가피하겠지만 현대자동차 노조는 새로운 집행부 선출과 함께 과거의 관행에서 환골탈태해 거듭나야 한다. 우선 10여개 계파로 찢어져 벌이는 정치싸움은 그만둬야 한다. 또 같은 현장에서 일하는 비정규직 근로자나 협력업체 근로자들의 처우 개선은 외면한 채 무리한 임금인상을 요구하는 악습도 타파해야 한다.

세계 최고의 자동차기업으로 평생고용을 보장해 온 도요타자동차도 인력조정을 하는 위기 상황에서 현대자동차 노조는 올해 임금교섭에서 8만7000원의 임금인상과 당기순이익 30%의 성과급을 요구했는데, 고통분담에 동참하고 있는 많은 다른 기업의 노조와 같이 임금동결을 사측에 먼저 제안하는 것이 우리나라 최대 노조로서 마땅히 해야 할 일이다.

올해 현대차 임단협 결과는 현대자동차뿐만 아니라 우리나라 제조업의 경쟁력에 미치는 영향력이 매우 클 것으로 전망된다. 오는 9월 시행예정인 주간 2연속교대제의 세부사항을 합의해야 하기 때문이다. 주간 2연속교대제 실시때 노조가 요구하는 '실질임금 삭감 없는' 노동강도 강화없는 '고용불안 없는' 소위 3무(無) 원칙이 실현되면 임금이 20% 인상되고 생산물량 확보를 위해 대규모 투자비용이 소요된다. 새로이 출발하는 현대차 지부는 대안없이 무리한 주간 2연속교대제 실시를 주장하기보다는 회사의 경쟁력과 근로자들의 삶의 질 향상을 같이 고려해 교대제 변경을 해야 한다. 새로운 집행부의 선출이 강경일변도의 투쟁지향적 노동운동을 탈피하는 계기가 돼야 한다.

현대차노조는 한·미FTA 반대 파업 등 정치적 파업의 선봉에서서 우리나라 노사관계 불안의 진원지가 돼 왔다. 새로운 집행부 출범과 함께 현대차 노조는 국가 경제를 생각하고 보다 합리적으로 주요 현안을 풀어 나가야 한다.

41. 공무원노조, '시국선언' 발상 접으라[41)]

6월 초, 통합에 합의한 전국공무원노동조합(전공노), 민주공무원노동조합(민공노) 그리고 법원공무원노조(법원노조) 등 3개 노조가 일부 서울대 교수들을 주도하여 시작된 시국선언의 대열에 동참하기로 결정해 커다란 파장이 예상되고 있다. 올해 말에 통합되면 조합원 13만여명의 최대 공무원 노조가 될 전공노 등 3개 노조의 시국선언 발표 계획에 대해 정부가 강력한 대처 방침을 밝히면서 전공노의 시국선언 발표가 내주로 연기됐다. 시국선언

41) 문화일보 〈포럼〉 (2009. 6. 24)

발표 계획이 완전히 철회되지 않은 만큼 노무현 정부 시절 공무원의 노동 3권 보장과 관련해 발생한 공무원 노조와 정부의 갈등이 이번에도 재연될 우려를 낳고 있다.

전공노 등 3개 노조는, 시국선언은 전교조처럼 조합원 서명을 받아서 하는 것이 아니라 각 노조와 산하 본부 · 지부 · 지회 명의로 하게 되며, 지난 10일 3개 노조 공동 명의로 발표한 성명의 내용을 크게 벗어나지 않을 것이라고 밝혔다. 그러나 공무원 노조의 시국선언은 공무원노조법을 위반하는 것이다.

'공무원의 노동조합 설립 및 운영에 관한 법률' 제4조는 '공무원과 그 조합원은 정치 활동을 해서는 안된다'고 규정하고 있다. 그러나 '이명박정부는 민주주의를 억압하지 말라'는 제목으로 지난 10일 발표한 공무원 노조의 성명서는 국정 전면 쇄신, 반민생 · 반민주 악법 철회, 서민살리기 정책 우선 시행, 남북간 긴장관계 해소, 4대강 정비사업 즉각 중단 등 다분히 야권의 정치적 요구와 맥을 같이하고 있다.

뿐만 아니라 미국발 금융위기로 촉발된 경제위기의 험난한 터널을 막 벗어나려고 하는 이 시점에 민주적 절차를 걸쳐 5년간 국민으로부터 국정 운영의 책임을 위임받은 현 정부에 대해 정책의 집행자가 돼야 하는 현장 공무원들의 대변자인 공무원 노조가 야권 및 일부 재야 세력의 현 정부에 대한 정치 공세에 가담하는 것은 공무원이기를 포기하는 것이다.

사고체계를 형성해 가고 있는 청소년들을 교육하는 전교조와 전교조 소속 교사들의 시국선언도 결코 옳은 일이 아니지만, 전공노 등 3개 노조가 조합원들의 서명 없이 각 노조 중앙집행위원회의 결정만으로 시국선언에 참여키로 한 것은 출범한 지 몇 해 되지 않는 공무원 노조도 일반 조합원의 의사와는 관계없이 일부 투쟁적 강성 세력에 의해 휘둘리는 노동운동 세력 일각의 폐해를 그대로 답습하는 게 아닌가 하여 극히 우려된다.

지난 정부에서 파업권 등 노동 3권 보장과 관련된 불법 활동으로 해직돼 현재 노조 전임으로 활동하고 있는 해직 공무원들이 주도하고 있는 것으로 알려진 공무원 노조의 시국선언은 즉각 중단돼야 한다.

노 정부에서 공무원들에게 노조 결성을 허용하는 법적 조치가 있었지만 아직도 많은 국민은 과연 공무원들에게 노조가 필요한가 하는 생각을 가지고 있다. '신이 숨겨 놓은 직장'이라는 공공기관보다도 더 고용보장이 되고 처우도 괜찮아 임용경쟁률이 몇 백대 일이 되는 공무원들에게 굳이 민간 부분의 노동자들과 같이 노조 활동을 통해서까지 근로조건 및 사회·경제적 지위를 향상하는 것을 법적으로 보장해 줄 필요가 있느냐는 것이다.

우리 경제가 이제 막 불황의 골을 벗어나서 U자형의 느린 경제회복을 할 것으로 많은 전문가들이 전망하고 있다. 북한의 핵

실험, 노 전 대통령의 죽음 등으로 어수선한 상황에서 전공노 등 공무원 노조는 시국선언과 같이 정치적 집단행동으로 일반 서민을 불안하게 하는 행동을 자제하고 공공부문 개혁을 선도하여 국민에게 봉사하는 정부 기관, 대한민국의 선진화의 첨병 역할을 하는 공무원들이 되는 데 노조 역량을 집중화하는 것이 바람직하다.

3장

비정규직

3장 비정규직

2007년 7월 1일부터 기간제근로자와 파견근로자 등을 보호하기 위한 소위 '비정규직법'이 시행되었지만 그 실효성에 대한 논란이 그치지 않고 있다.

당초 기대하였던 비정규직의 정규직 전환 효과가 그렇게 크지 않고, 비정규직보호도 획기적으로 개선되지 않고 있다.

경제위기를 겪으면서 오히려 비정규직 문제가 더욱 심각하여졌다. 통계청 조사에 의하면 2011년 8월 현재 기간제근로자 등 비정규직 근로자는 599만5천명으로 글로벌 금융위기가 발생하기 전인 2008년 8월에 비해서 55만명이 늘었다[1].

---

1) 비정규직 근로자 수는 상대적으로도 더 많이 증가하였는데 2011년 8월 현재 비정규직 근로자는 임금 근로자 중 34.2%이다.

[그림 3-1] 비정규직 추이 (2008.8-2011.8)

(단위: 천명)

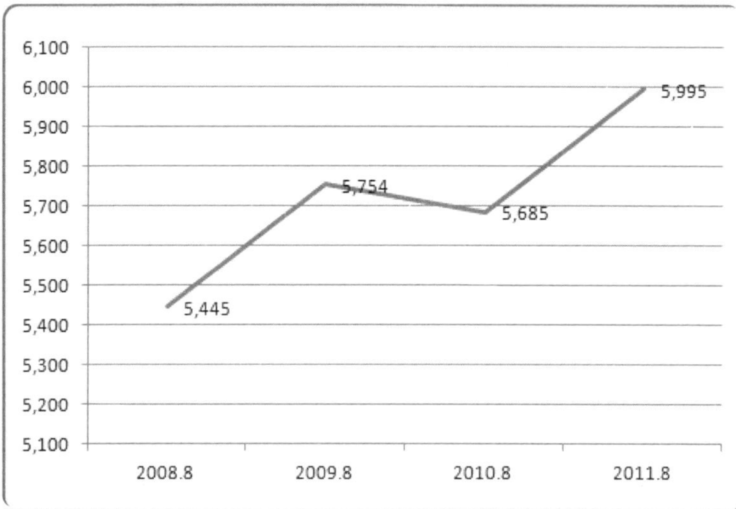

자료: 통계청, 「경제활동인구 근로형태별 및 비임금근로 부가조사 결과」, 각호

2010년 6월에서 8월까지 비정규직의 월평균임금은 126만원으로 정규직대비 55%인데, 2년 전인 2008년 비정규직의 월평균임금은 213만원으로 정규직 대비 61%여서 임금격차가 오히려 확대되었다[2]. 경제위기가 극복되면서 2011년에는 비정규직 처우가 약간 개선되었으나 이번 글로벌 경제위기의 경험은 우리나라

2) 20011년 6월에서 8월동안 정규직 근로자는 238만8천원으로 9만4천원(4.1%) 증가하였고, 비정규직 근로자는 134만8천원으로 9만원(7.2%) 증가하여 정규직 대비 비정규직 임금은 56.4%이다.

비정규직이 노동시장에서 정규직의 고용안정을 뒷받침하는 완충역할을 한다는 것을 다시 한번 확인시켜 주었다.

비정규직의 고용사유를 제한하는 등 비정규직 보호를 더욱 강화하고자 하는 주장이 지속적으로 제기되고 있지만 비정규직법의 시행의 효과는 법적 규제로는 우리나라 비정규직 문제가 해결될 수 없다는 것을 보여주고 있다.

기간제 근로자의 계속 사용기간을 2년으로 제한해 일부 기간제 근로자는 정규직으로 전환되었으나 많은 기간제 근로자는 반복적으로 2년마다 직장을 바꾸어야 하는 상황에 처하게 되었다.

2009년 정부가 기간제 근로자의 계속 사용기간을 4년으로 연장하고자 하면서 주장하였던 100만명 실직 사태는 발생하지 않았지만 그 이유가 많은 영세업체에서 법과 관계없이 편법적인 방법에 의해 계속 비정규직의 고용이 유지되거나, 2년 기간이 도래되기 전에 더 좋은 일자리를 찾아 현재의 직장을 떠나기 때문이라는 사실은 법적 규제의 실효성의 한계를 잘 보여주고 있다.

2010년 7월 22일 대법원이 현대자동차의 사내하청 공장에서 2년 넘게 일한 사내하청 근로자를 파견법 위반으로 현대자동차의 근로자로 인정하여 관련사건을 고법으로 파기환송한 후 비정규직 문제가 다시 한번 우리 사회의 뜨거운 논란이 되었다.

정부는 노동시장선진화위원회를 통해 '사내하도급 근로자의 근로조건 보호 가이드라인'을 만들고 '사내하도급 근로조건 개선

서포터즈'를 출범시키는 등 사내하도급 근로자의 근로조건을 개선시키려는 노력을 하고 있다.

현대자동차 사내하청 근로자의 보호가 비정규직문제의 핵심이 되는 슬픈 현실은 우리 사회가 非정규직 문제를 比정규직 시각에서 정치적으로 접근해서 해법을 찾고자 하기 때문에 발생한다.

같은 현장에서 비슷한 일을 하면서 급여를 적게 받는 것은 분명히 불합리한 일이나 현대자동차 정규직 근로자의 연평균급여가 9,000만원이고, 현대차 사내하청 근로자의 처우가 현대차 1차 협력업체 근로자와 비슷한데, 시장에서의 독점적 지위, 강력한 노조에 의해 과도한 처우를 쟁취한 대기업 정규직에 비교하여 비정규직 문제의 해법을 찾는 것은 오히려 문제 해결을 더욱 어렵게 한다.

정치적으로 결정되는 최저임금 결정방식도 비정규직 등 노동시장 취약계층의 고용불안을 촉진시키는 요인이다. 2011년의 경우 최저임금위원회는 2012년 최저임금 수준을 고용노동부 장관에게 제출하여야 하는 시한을 2주일이나 넘겨 결정하였는데, 복수노조 시대의 개막 등의 상황에서 저임금 근로자 보호라는 법의 본래 취지보다는 정치적 논리나 조직근로자의 이해관계를 고려하여 노동계가 최저임금 수준을 결정하고자 하였기 때문이다.

여성, 청소년, 중고령 근로자 등 노동시장 취약계층에 집중하여 비정규직 문제의 해법을 찾아야 한다. 또한 기업들이 정규직 채용을 기피하고 비정규직에 과도하게 의존하는 노동시장의 경직성을 완화할 수 있는 방안을 적극적으로 모색하여야 한다.

1. 非정규직, 比정규직[3)]

요즈음 중앙부처 공무원중 가장 바쁜 사람의 하나가 비정규직 문제를 담당하는 고용노동부 양성필 고용차별개선과장이다. 여야는 물론 정부까지도 비정규직대책 수립에 부심하고 있으니 여기저기 불려 다니느라 몸이 열 개라도 모자라다.

민주당은 2017년까지 전체임금근로자 중 비정규직의 전체 임금근로자의 50%에서 30%까지 낮추고, 비정규직의 임금수준을 정규직의 80%까지 높이겠다는 야심찬 계획을 제시하고 있다.

한나라당도 비정규직의 임금을 정규직의 80%까지 올리고, 영세사업장의 저소득층 근로자에게 건강보험 등 공적보험의 근로자 부담분의 절반정도를 지원하는 것을 골자로 하는 대책을 추진하고 있으나 정부가 기업의 자율성 침해 및 사회보험료 지원

---

3) 국민일보 〈경제시평〉 (2011. 9. 5)

에 대한 재원조달의 문제점을 이유로 부정적이기 때문에 당정간 협의가 계속되고 있다.

정치권이 추진하고 있는 비정규직 대책은 돕고자 하는 비정규직 근로자 일부의 처우를 개선할 수 있을지는 모르나 오히려 비정규직 근로자의 처우를 떨어뜨리고 우리사회의 일자리 문제를 더욱 악화시킬 위험성을 내포하고 있다.

현재 비정규직의 급여를 정규직의 80%까지 올리기 위해서는 약 37조원의 기업의 추가적인 부담이 필요하다고 추정되고 있는데, 현실적으로 실현될 가능성은 지극히 희박하기 때문에 경영계는 기업의 막대한 추가적인 부담을 크게 걱정할 필요는 없다.

대부분이 박사급 인력인 연구소에서 일부 비정규직이 보조적인 일을 하고 있다면 보조업무를 하고 있는 비정규직에게 박사급 인력의 80% 급여를 주라고 할 수는 없다.

개별 사업주들은 비정규직 자체를 없애거나 직종분리를 통해서 정규직과 비정규직의 처우를 비교할 수 없도록 만들 것이다.

2007년에 비정규직관련 법이 제정되면서 기간제 근로자에 대한 차별이 금지되자 은행 등 많은 기업에서 정규직근로자보다는 처우는 떨어지나 고용이 안정된 무기계약근로자라는 직군형태를 새로 만들어서 대응하였다.

또한 많은 기업들은 직접 고용한 비정규직 근로자들이 맡고 있는 사내의 업무를 용역이나사내하도급 또는 파견회사에 일괄적으로 위임할 것이기 때문에 오히려 처우가 더 떨어질 가능성이 크다.

비정규직문제는 여성, 청소년, 노령 근로자 등 노동시장 취약계층의 문제이기도 하기 때문에 심각히 고민하여 해법을 찾아야 하는 사회현안이다.

그러나 非정규직문제를 比정규직시각에서 정치적으로 접근해서는 해법을 찾을 수 없다.

연봉 8,000만원의 SC제일은행의 정규직 근로자의 은행권 최장기 파업으로 인한 업무공백을 메우느라 연봉 2,000만원 정도를 받고 있는 전체 근로자의 27%인 계약직 근로자들이 밥도 제대로 못 먹고 일 할 수밖에 없는 것이 현실이다. 최근 3년 무분규로 임단협을 타결한 현대자동차의 정규직 근로자의 올해 평균연봉은 일시적 성과급을 포함하고 있지만 9,000만원이다.

시장에서의 독점적 지위, 강력한 노조에 의해 과도한 처우를 쟁취한 대기업 정규직 근로자에 비교하여 비정규직 대책을 세우는 것은 오히려 문제 해결을 더욱 어렵게 할 것이다.

기업들이 정규직 채용을 기피하고 비정규직에 의존하는 경영을 하게 하는 노동시장의 구조적인 요인을 개선하면서 비정규직 중에서도 상대적으로 처우가 열악한 비정규직부터 근로조건을 개선하고 고용안정을 도모하는 방안을 강구하여야 한다.

무엇보다도 정책의 대상이 되는 비정규직 규모부터 여야간에 합의하여야 한다. 비정규직 규모를 민주당은 전체 근로자의 50%로 보고 있지만 정부여당은 민주당정부시절인 2002년 노사정합의(민주노총은 빠졌지만)에 의해 34%로 보고 있다.

2. 사내하도급 어떻게 풀 것인가[4)]

지난해 7월 대법원은 현대자동차 울산공장의 사내하도급 근로자 2명이 현대자동차를 상대로 낸 부당해고 취소 청구소송 판결에서 원심을 파기 환송했다. 원고측 근로자 2명을 사내 하도급업체의 근로자가 아닌 파견근로자로 보아 파견기간이 2년을 넘겼으므로 현대자동차의 근로자로 봐야 한다는 취지였다.

대법원 판결 이후 민주노총 등 노동계는 현대자동차 사내하도급 근로자 6000여명의 정규직 전환을 강력하게 요구했고, 회사는 대법원 확정 판결이 남아 있으며 정규직 전환을 한다 해도 문제가 된 2명만이 해당된다는 입장을 고수해 왔다.

현대차 사내 하도급업체 근로자 문제는 비정규직 문제의 상징처럼 됐다.

---

4) 문화일보 〈기고〉 (2011. 8. 29)

현대차 사내하도급 근로자 문제와 함께 지난해 말과 올해 초에는 서울시내 일부 대학에서 청소용역업체 근로자들의 해고 문제가 상당한 사회 문제가 됐다. 대학이 청소용역업체를 변경하는 과정에서 일자리를 잃은 기존 업체의 근로자들이 농성에 들어갔고, 언론을 통해 이들의 처우나 근로조건이 알려지면서 근본적인 해결책을 요구하는 목소리가 높았으나 현실적으로는 일자리를 유지하는 선에서 노사 합의가 이뤄졌다.

원청업체의 현장에서 일을 하는 사내하도급 근로자들은 사내하도급업체의 근로자이기 때문에 원청업체에 사용자성을 지우는 것은 현행법상 무리가 있다. 그러나 사내하도급업체 근로자들의 원청업체 근로자와의 현격한 근로조건 차이나 열악한 처우 및 근무 환경은 개선돼야 하기 때문에 양자 사이의 균형을 잡으면서 사내하도급 근로자 근로조건을 개선하는 방안을 찾는 건 쉽지 않은 과제다.

노동시장선진화위원회가 20회가 넘는 노사정협의 및 공익위원 회의를 거쳐 제안한 공익위원안을 토대로 정부가 7월18일 발표한 '사내하도급 근로자의 근로조건 보호 가이드라인'은 현 시점에서 사내하도급 근로자의 처우를 개선할 수 있는 가장 실효성이 있는 대안이다. 현형 법체계상 파견 · 도급의 판단은 구체적인 사안에 대한 법 집행의 문제이기 때문에 보편적으로 적용될 수 있는 법이나 기준을 제정해 집행하기는 어렵다.

사내하도급 근로자의 고용안정을 도모하고 처우를 개선하는 것이 얼마나 어려운 과제인지는 가이드라인에 대한 노사의 비판에서 알 수 있다. 민주노총은 “가이드라인이 궁극적으로 사라져야 할 사내하도급이라는 고용방식을 인정하고, 나아가 노동자들의 문제 제기를 사전에 차단하려는 기만적인 유화 조치를 취했다”고 비난하고 있다. 가이드라인 제정에 처음부터 비판적이었던 재계는 정부의 가이드라인 제정 자체에 반발하고 있는데, 가이드라인을 통해 정부가 사적 자치의 영역인 하도급 계약을 규제하는 것은 불합리하다는 것이다.

가이드라인의 실효성을 현실적으로 확보하기 위해 17일 출범한 ‘사내하도급 근로조건 개선 서포터즈’는 노사의 반발 속에서 가이드라인 준수 분위기를 조성해 사내하도급 근로자의 근로조건을 개선하고자 하는 정부의 노력을 지원해 가는 과제를 안고 있다. 강제력은 없지만 기업의 사회적 책임이 강조되는 시대의 흐름에 비춰볼 때, 재계가 가이드라인에 대해 느끼는 사회적 압력은 매우 큰 듯하다. 서포터즈는 원청사업주 및 경영계가 기업의 사회적 책임 준수 차원에서 사내하도급 근로자의 고용안정 및 처우개선에 적극 나서는 것을 격려, 지원해야 한다. 또 노동계는 운동 차원에서 원하는 것을 한꺼번에 얻으려고 하기보다는 사내하도급 근로자의 근로조건을 개선하는 현실적 방안인 가이드라인이 현장에서 잘 지켜지도록 서포터즈를 적극 지원해야 한다.

3. 최저임금 결정방식 바꿔라[5)]

내년도 최저임금을 결정하는 최저임금심의위원회가 위원장 선임 문제로 초기부터 삐꺽거리더니 지난달 말까지 정부에 제출해야 하는 내년도 최저임금 수준을 제출시한을 2주일이나 넘겨서 지난 13일 새벽 결정했다.

지난 6일에는 사퇴의사를 철회한 사용자위원들의 회의장 입장을 노동계위원들이 물리적으로 저지하고 한 노동계위원은 사용자위원에게 물까지 뿌리는 행패를 저질렀다는 언론보도도 있었다.

최저임금의 결정과 관련된 이와 같은 노사갈등은 연례적으로 반복되고 있다. 최저임금이 노사정 합의로 결정된 해는 손에 꼽을 정도이다. 어느 해는 사용자위원이 퇴장하고, 어느 해는 근로자위원이 퇴장하고, 어느 해는 공익위원 중 일부가 퇴장하는 가운데 최저임금이 결정되었다.

올해의 경우 복수노조 시대가 열리면서 선명성 경쟁을 해야

---

5) KERI 칼럼 (2011. 7. 18)

하면서도 정책연대관계를 맺고 있는 한국노총과 민주노총의 복잡한 속사정 그리고 경제위기가 극복되었다고 하나 여전히 어려운 서민생활 등의 이유로 그 어느 해보다도 갈등 수위가 높았다.

노동계는 올해 최저임금 4,320원(시급 기준)보다 1,090원(25.2%) 인상한 시간당 5,410원을, 경영계는 동결할 것을 주장하면서 시작된 내년도 최저임금 수준을 공익위원들은 올해보다 260~300원 오른 4,580~4,620원의 구간을 최종안으로 제시했었다. 대부분(?) 노동계위원들의 불참 속에 7월 13일 결의된 최심위 전체회의에서 내년도 최저임금을 올해 대비 6.0%, 260원 오른 공익위원 조정안 중 가장 낮은 4,580원으로 결정하였으니 경영계로서는 사퇴의사를 번복하고 회의에 참여한 성과(?)를 조금이나마 거두었다고 할 수 있다.1)

4월말 기준 5인 이상 사업장의 임금인상률이 4.2%, 5월말 기준 100인 이상 사업장의 임금인상률이 5.2%인 것을 고려하면 6.0%는 결코 낮은 인상률은 아니다. 그러나 언론들은 최저임금에 기준하여 시급을 받는 편의점 등에서 일하는 아르바이트생 등은 이번의 최저임금의 결정에 매우 실망한 것으로 보도하고 있다. 집회 등을 통해 노동계, 정치권, 일부 시민단체 등에서 기대수준을 높인 것도 하나의 원인이라 하겠다.

최저임금 수준이 높은 것이 모든 근로자에게 유리한 것은 아니다. 최저임금이 높아져서 급여가 올라가는 근로자도 있겠지만 해고를 당하거나 고용기회를 얻지 못하는 근로자들이 생길 수밖에 없는 것이 시장경제의 본질적인 속성이다.

몇 해 전에 경비직과 같은 감시, 단속 근로자(감단근로자)의 최저임금 수준을 높이자 많은 아파트들이 무인경비시스템으로 전환하거나 경비직의 근무일수를 줄이는 방식으로 대응하여 경비직 근로자들의 실질적인 월급여액도 올라가지 않고, 일부는 일자리를 잃게 되는 어처구니가 없는 결과가 나타났다.

2008년 감단근로자에 대한 최저임금 감액비율이 30%에서 20%로 축소되었을 때 많은 아파트에서 대부분 고령 근로자인 경비원들을 대량 해고했다. 실제로 적용되는 최저임금이 시간당 2,436원에서 3,016원으로 23.8% 올랐기 때문이다. 무인경비시스템이나 동별 폐쇄회로TV, 중앙초소 집중화 등의 설비 개선을 통해 경비원에 대한 의존도를 줄인 것이다.

무인경비시스템을 설치하는 업체들은 대형 아파트단지에 사는 주민을 대상으로 무인경비시스템을 설치하는 경우의 비용대비 편익에 대한 정보를 지속적으로 제공하면서 초기투자비는 많이 들지만 2~3년이면 투자한 비용을 모두 회수할 수 있다는 구체적인 증거를 제시하며 무인경비시스템을 홍보하고 있다. 2008년 감단근로자에 대한 감액비율을 내리면서 실질적으로 아파트경비원의 급여가 20% 이상 오르자 많은 아파트단지에서 무인경비시스템을 도입했다.

경비원들의 최저임금이 오른다 해도 실질적으로 받는 급여가 꼭 오르는 것도 아니다. 휴게시간을 늘리거나 일하는 시간을 줄여 월급여액을 동결하거나 소폭 인상시켜 주기 때문이다. 내년부터 감단근로자에 대한 감액조치가 없어지므로 아파트경비원의 최저임금은 2011년 3,456원에서 32.5% 인상되어 2008년과 같은 아파트경비원의 대량해고 사태가 나지 않을까 우려된다.

최저임금의 수혜를 받은 근로자의 89%가 30인 미만 사업장, 41%가 4인 이하 사업장에서 일하고 있다. 최저임금이 오르면 임금을 올려주어야 하는 사업주의 상당수가 영세사업주인데, 특히 올해는 7월부터 주 40시간제가 5~19인 사업장으로 확대되어 근로시간 단축에 따른 임금보전을 해주어야 하고, 12월부터 4인 미만 사업장의 사업주도 퇴직금 지급의무가 발생하므로 내년도에 영세사업주들이 받게 되는 임금비용 인상압박은 어느 해보다 크다.

국내 사업장에서 일하고 있는 외국인 근로자는 올해 4월 기준으로 53만 명인데, 이들의 급여는 최저임금 수준과 연동되어 있어 최저임금이 과도하게 오르면 내국인 근로자들이 오지 않아 외국인 인력을 쓰고 있는 이들 중소업체의 비용부담 증가도 우려된다.

우리나라와 같이 최저임금을 노사정이 협의하여 매년 정하는 경우 연례적인 임금교섭의 전초전 양상으로 변질될 소지가 있어 (필자도 참여한) 최저임금제도 설계 시에 적용시기를 9월 1일로 했는데, 참여정부 시절인 2005년에 1월 1일로 변경했다.

일부 정치권에서 최저임금 결정에 국회가 관여해야 한다는 의견이 나오는데, 우리나라 국회의 파행적 행태를 볼 때 아주 불합리한 주장이다. 오히려 노사정이 참여하는 지금의 방식이 아니라 노사는 의견만 제시하고 공익위원들이 결정하여 정부에 제시하는 방식으로 전환하는 것이 최저임금법에 나와 있는 대로 유사근로자의 임금, 생계비 등을 고려하여 합리적으로 최저임금을 정하는 길이다.

우리나라 최저임금법 제1조는 "최저임금법은 근로자에 대하여 임금의 최저수준을 보장하여 근로자의 생활안정과 노동력의 질적 향상을 꾀함으로써 국민경제의 건전한 발전에 이바지하는 것을 목적으로 한다"고 규정하고 있다. 정치적 논리나 조직근로자의 이해관계를 떠나서 저임금 근로자의 보호라는 본래의 취지에 맞추어 최저임금이 결정되어야 한다.

[그림 3-2] 최저임금 및 감단근로자 최저임금 추이

(단위: 원)

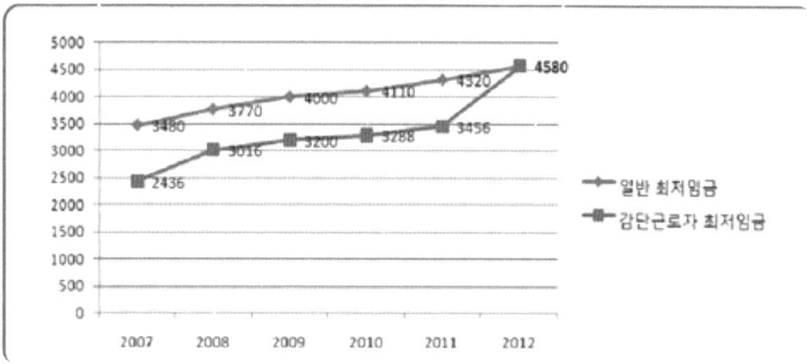

자료 : 최저임금심의원회 내부자료

4. 국민적 합의 시급한 '사내하청'6)

사내하청 근로자 문제가 우리 사회의 갈등 요인으로 계속 증폭되고 있다. 지난해 7월 대법원이 현대자동차의 사내하청업체 근로자 2명에 대해 불법파견임을 이유로 현대차의 사용자성을 부인한 원심을 고등법원으로 파기환송한 이후 재계와 노동계가 서로 양보 없이 자신들의 주장만 되풀이하고 있는 실정이다.

경제사회발전노사정위원회의 의제별위원회인 노동시장선진화위원회에서 지난달 27일 '사내하도급 근로자의 근로조건 보호 가

6) 한국경제 〈기고〉 (2011. 6. 3)

이드라인'에 대한 공익위원안을 제시했다. 하지만 이에 대해서도 노동계에서는 원사업주의 사용자성과 책임성이 빠져 있다는 이유로,경영계에선 도급계약의 본질을 무시하고 시장경제의 계약 질서를 훼손시킨다는 이유로 모두 반발하고 있는 상황이다.

원청업체가 작업의 일부를 하청업체에 위탁하되 사내에서 작업하도록 하는 사내하청은 제조업뿐 아니라 서비스업종에서도 많이 활용된다. 고용노동부에 의하면 조사 대상 300인 이상 사업체 40%에서 사내하도급 업체를 활용하고 있다. 사내하도급 업체의 근로자는 하도급업체의 정규직 근로자이기는 하나 많은 하도급업체가 영세 중소업체이기 때문에 적절한 보호를 받지 못하고 있는 게 현실이다.

이에 따라 가이드라인 공익위원안은 원청 사업주와 수급 사업주가 준수해야 할 사항을 적시함으로써 사내하도급 근로자 보호의 실효성을 높이고자 했다. 주요 조항을 보면 수급 사업주는 근로자와의 근로계약을 서면으로 작성해 교부할 것을 명시하고 있고, 원사업주는 도급계약 체결 시 사내하도급 근로자의 인건비 단가를 최저임금 이상으로 하도록 했다. 법에 정해져 있어 준수해야 하나 현실적으로 잘 지켜지지 않기 때문에 가이드라인을 통해 사내 하도급 근로자의 권리가 철저히 보호되도록 강구한 것이다.

또 사내하청 근로자의 고용안정을 위해 수급사업주가 교체되는 경우에도 원사업주, 신구 수급사업주가 협의해 사내하도급 근로자의 고용이 유지되도록 하고, 원사업주가 신규 채용을 하는 경우 사내하청 근로자 중 적격자가 우선 채용될 수 있도록 노력하는 조항을 포함하고 있다.

공익위원안은 현 법체계 안에서 사내 하도급 근로자 보호의 실효성을 높이는 현실적 대안이라 할 수 있다. 법적 분쟁에서 사용자로 오인될 수 있다는 우려에서 원사업주가 시행을 주저해 온 시설이용, 산업안전 조치, 교육훈련, 소통을 위한 대화채널 구축 등 사내하도급 근로자의 근로조건 보호뿐 아니라 원청업체의 경쟁력 강화를 위해 필요한 조치들을 권고하고 있기 때문이다.

공익위원안은 본격적인 노 · 사 · 정 논의의 출발점에 불과하다. 이른 시일 내에 노 · 사 · 정 합의안이 마련돼 현장에서 사내하도급 근로자의 권익 및 근로조건을 보호하고 우리 산업 경쟁력 강화에도 토대가 될 수 있는 길을 찾아야 할 때다.

5. 비정규직 570만명의 예우[7)]

지난 몇 년 동안 우리나라 노사관계는 안정화 경향을 보이고 있다. 지난해의 경우 노조전임자를 대신하는 근로시간면제제도

---

7) 서울경제 〈시론〉 (2011. 1. 25)

가 도입됨에 따라 노사현장이 불안할 것으로 예상됐으나 분규건수는 86건으로 지난 2009년 대비 29% 감소했고, 분규로 인한 근로손실일수도 50만8천일로 전년 대비 19% 줄었다.

글로벌 금융위기의 여파로 노사협력 분위기가 확산되고 노사현장에서 법과 질서를 정립하려는 정부의 의지가 확고한 것 등이 노사관계 안정화에 일조한 것으로 보인다. 그러나 노사관계의 안정화 기조에도 불구하고 노동시장의 구조적 문제로 여전히 불안한 부분이 남았다. 우리나라 노동시장이 선진화되기 위해 가장 시급하게 해결돼야 하는 문제는 임금근로자의 33%를 차지하는 570만여명의 비정규직에 대한 적절한 보호이다.

경제위기를 겪으면서 비정규직 문제가 오히려 심각해지고 있다. 통계청 조사에 의하면 2010년 8월 현재 기간제근로자 등 비정규직 근로자는 568만5천명으로 2009년 8월에 비하여 27만명 정도 줄어들었지만 글로벌 금융위기가 발생하기 전인 2008년 8월에 비해서 24만명이 늘었다. 2010년 6월에서 8월까지 비정규직의 월평균임금은 126만원으로 정규직대비 55%인데, 2년 전인 2008년 비정규직의 월평균임금은 213만원으로 정규직 대비 61%여서 임금격차가 오히려 확대되고 있다.

2006년 말 기간제 근로자 등 비정규직 근로자를 보호하기 위한 법이 제정됐으나 그 실효성에 대한 의문이 지속적으로 제기되고 있다. 법의 제정으로 비정규직 근로자 보호가 획기적으로 개선될 것으로 기대했으나 기대치에 미치지 못하고 있다. 차별시정과 관련된 근로감독관의 권한이 제한적이고 차별시정의 대상이 되는 범위에 대한 논란이 법 제정 초기부터 지속적으로 제기되고 차별시정을 신청할 수 있는 신청기간도 너무 짧다는 점 등 개선되어야 할 부분이 많기 때문이다. 기간제 근로자의 계속 사용기간을 2년으로 제한해 일부 기간제 근로자가 정규직으로 전환되는 효과는 있었으나 많은 기간제 근로자들이 계속 근무를 원함에도 불구하고 법 때문에 강제적으로 회사를 떠나야 하는 상황이 발생하고 있다.

사내하청 근로자는 정부의 비정규직 통계에는 포함되지 않지만 일단 발생하면 사회적 현안이 되고 그 해결에 오랜 시간이 걸리는 경우가 많다. 최근 1년 이상 끌어온 GM대우의 하청업체 근로자의 복직문제가 하청업체의 재하청업체 근로자의 복직문제로 결렬된 사실에서 보듯 원청업체, 원청업체 노조, 사내하청업체, 사내하청 근로자 그리고 상급노조 등 그 해결과정에 참여하는 당사자가 많기 때문이다. 고용노동부조사에 의하면 우리나라 300인 이상 1,936개 사업장 중 41.2%인 799개 사업장에서 사내하도급을 활용하고 있고 사내하도급 업체서 일하는 근로자는 32만 6천명이다.

비슷한 일을 하는 사내하청근로자가 원청근로자에 비해 낮은 임금을 받는 차별도 시정돼야 하지만 대공장에서 사내하청근로자를 많이 활용할 수밖에 없는 사정이 있다. 정규직 근로자들은 해고하기가 불가능할 정도로 매우 어렵고 연공급 임금체계로 생산성대비 임금이 높기 때문이다. 또한 경쟁국에 비해 파견업종이 제한적이기 때문에 우리나라 제조공장들은 다른 나라에 비해 사내하도급에 의존하는 경향이 강하다.

우리나라 비정규직문제는 우리나라 특유의 대기업-중소기업 관계, 정규직 노동시장의 경직성 등 구조적인 요인에 기인하므로 개별 기업의 노사차원에서의 협의나 양보를 통해 해결하기는 어렵고 노사정 협의를 통해 풀어야 한다. 제도적이나 시장의 관점에서 상당한 보호를 받는 대기업, 공공부분의 정규직 근로자들의 일정 부분 양보가 필요하고 대부분의 비정규직 근로자들은 스스로 보호받을 방안을 강구할 여력이 없기 때문이다.

1월 25일 오픈한 노사정위원회산하 노동시장선진화위원회의 출범을 계기로 노사정이 비정규직문제의 해법을 포함한 획기적인 우리나라 노동시장의 선진화 방안을 모색하기를 기대한다.

6. 비정규직 고용 불안 해소법[8)]

지난 7월22일 현대자동차의 사내 하청근로자 2명이 현대자동

8) 서울경제 〈시론〉 (2010. 8. 22)

차를 상대로 낸 부당해고 및 부당노동행위 소송에서 대법원이 고등법원의 판결을 파기환송함으로써 적지 않은 사회적 파장이 일어나고 있다.

현대자동차 사내 하청공장에서 일하다 2005년 해고된 근로자들은 작업 중 현대자동차 감독자의 노무지휘를 받았기 때문에 고용계약을 맺은 하청업체가 아니라 현대자동차가 사용자라는 취지의 소송을 했으나 노동위원회와 고등법원은 지금까지 현대자동차의 사용자성을 부정해왔다.

대법원은 이번 판결에서 현대자동차의 사내하청 근로자에 대한 사용자성을 인정하지는 않았지만 사내하청을 불법파견으로 간주하고 구(舊)파견법에 따라 이들이 현대자동차 근무 기간이 2년이 경과한 시점부터 현대자동차의 근로자로 봤다.

소송당사자인 현대자동차는 물론이고 현대차와 유사한 형태로 사내하청 근로자를 활용하고 있는 기아차・대우GM・현대중공업・포스코, 그리고 일부 전자업체까지도 사내하청 근로자의 활용 상황을 다시 점검하고 있다. 조선・철강산업의 경우 원청근로자와 사내하청 근로자의 업무가 분리돼 문제가 될 것이 없다는 게 사용자 측 입장이지만 노동계는 사내하청 근로자자가 '지원'이라는 이름하에 원청업체의 감독을 받고 일을 하는 경우에 많기 때문에 현대차와 유사한 경우라고 주장하고 있다.

그러나 대법원의 이번 판결이 우리 사회의 가장 큰 현안의 하나인 비정규직 문제 해결에 어느 정도 도움이 될지는 미지수이다. 이번 판결로 비정규직의 차별을 용인할 수 없다는 사회적 공감대는 확인됐으나 대규모 제조공장들이 파견근로자 등 비정규직에 의존할 수밖에 없는 근본적인 원인이 치유된 것은 아니기 때문이다. 비정규직 문제는 사내하청 등 편법적 방법으로 근로자를 활용할 필요가 없는 노동시장 환경이 조성될 때 해결될 수 있다.

2009년 쌍용자동차 사태에서 봤듯이 우리나라는 기업의 경영상황이 아주 어려울 때도 정리해고를 시행하기는 매우 어렵다. 법에 정해진 요건을 모두 충족하는 경우에도 구조조정으로 인원정리를 하는 데는 상당한 시일과 노력이 필요하다. 이번에 문제가 된 현대자동차의 경우 노조와의 단체협약으로 공장 간 생산물량을 재배분하거나 근로자의 배치전환이 필요한 경우 노조나 해당근로자의 동의가 필요하다. 얼마 전 설비인원을 효율적으로 가동하기 위해 소형차의 생산 및 판매를 확대하려고 공장 간 생산물량을 조정하기로 현대자동차 노사가 합의한 것이 화제가 될 정도다.

지난 2년간 무분규로 노사교섭이 마무리됐지만 전투적이고 적대적인 우리나라 노사관계를 상징하는 현대차 노사관계는 이번 판결로 더욱 복잡하고 불안정하게 될 소지가 커졌다.

대법원이 사내하청 근로자에 대한 현대차의 사용자성을 부정했지만 사내하청 근로자 노조의 현대차에 대한 직접 교섭 요구는 더욱 거세지고 있으며 이번 판결로 사내하청 근로자의 노조 가입율이 급증하고 있다.

현대자동차의 해외생산물량은 이미 전체 생산물량의 절반을 넘어섰는데 현대자동차는 이번 판결로 현재 약 7,000여명의 사내하청 근로자에 대한 의존을 줄이면서 해외생산 대수를 더욱 늘릴 것으로 예상된다. 고용관리의 유연성이 떨어지면서 현대차 국내공장의 경쟁력도 같이 하락할 것이다.

과도한 고용보호를 상식적인 수준에서 양보하려는 정규직 노조, 좋은 일자리를 사회에 많이 제공하는 것이 기업의 중요한 사회적 책임이라는 대기업의 획기적 인식 전환, 그리고 이를 지원하고 독려하는 적절한 정부 정책이 어우러질 때 비정규직 근로자들의 고용불안도 줄어들고 적절한 처우를 받게 될 것이다.

7. 완성차업체 사내하청 근로자관련 대법원 판결의 의미와 과제[9]

대규모 제조공장의 사내하청 근로자 문제가 다시 뜨거운 감자로 떠오르고 있다. 지난 7월 22일 대법원은 현대자동차 울산공장

9) KERI 칼럼 (2010. 8. 11)

의 사내하청업체에서 일하다 2005년 해고된 근로자에 대해 이들이 비록 사내하청업체 소속이지만 현대자동차의 노무지휘를 받았기 때문에 파견근로자로 보아야 한다는 취지의 판결을 하여 사건을 고등법원으로 돌려보냈다. 구파견법에 따라 이들은 근무기간 2년을 넘긴 시점부터 현대차에 고용된 것으로 해석한 것이다. 대법원의 이번 판결은 우리나라 산업현장에 미치는 파장이 상당하리라 예상된다.

노동계는 상당히 고무되어 있다. 그동안 사내하청 근로자가 원청기업의 근로자라는 주장을 하며 노동위원회에 제소하는 등 투쟁을 해왔으나 고등법원까지 인정을 받지 못하였는데, 근무기간이 2년 넘은 파견근로자는 원청회사의 근로자로 인정받을 수 있는 길이 열렸기 때문이다. 비정규직 노조는 대규모의 종업원 지위 확인 소송과 임금체불 소송을 준비 중이다.

또한 이번 판결을 근거로 완성차업체에 대한 비정규직 노조의 직접교섭 요구는 더욱 거세질 것으로 전망된다. 그동안 현대차 비정규직 노조의 현대자동차에 대한 직접교섭 요구에 대해 중앙노동위원회는 현대차에 직접교섭을 강제할 수 없다는 판정을 내려왔다.

자동차업계는 상당한 충격을 받았다. 특히 지금까지 노동위원회와 법원은 원청업체의 사용자성을 부정하고 과거 파견법의 직접고용주 간주 규정이 적법한 근로자 파견의 경우에만 적용된다는 취지의 판결을 해왔기 때문에 대법원에서도 같은 판결이 나올 것으로 기대하였다. 이번 판결로 영향을 받는 현대자동차뿐 아니라 대우자동차, 기아자동차 등도 바싹 긴장하고 있다. 유사한 형태로 사내하청 근로자를 활용하는 것이 일반화되어 있는 상황에서 1만여 명으로 추정되는 완성차업체 사내하청 근로자의 처리문제가 당장 발등의 불이다.

조선이나 철강업계에서는 자동차업체와는 달리 같은 라인에서 일하지 않고 업무가 분리되어 문제가 없다는 입장이지만 노동계는 사내하청 근로자들이 '지원'이란 이름하에 원청업체 작업반장의 지시에 따라 일을 하는 경우가 많기 때문에 자동차업체와 유사한 경우라고 주장하고 있다.

정부는 이달 말부터 20~30개 사업장을 선정하여 실태조사를 할 계획이다. 실태조사 결과 하청 형태를 띠고 있으나 실제로는 하청업체로부터 근로자를 파견 받아 사용하는 사업장으로 판단되면 시정조치를 할 방침이다. 노동부는 하청업체 근로자가 2년 이상 근무한 경우에만 원청업체의 근로자로 간주되거나 (2007년 이후에는) 원청업체에 직접고용 의무가 발생하고 이 경우도 구체적인 사안에 따라 원청업체가 사용자성의 인정 여부가 달라진다는 입장이다.

같은 일을 하는 근로자, 더욱이 같은 사업장에서 같은 일을 하는 근로자들 간에 차별은 없어야 한다. 이 같은 측면에서는 대법원의 이번 판결은 의미가 있다. 하지만 과연 이번 판결로 라인작업을 하는 제조공장에서 사내하청 근로자의 권익이 어느 정도 신장될 수 있을지는 의문이다. 같은 공정에서 일하는 사내하청 근로자가 완성차업체 근로자의 60% 정도의 급여를 받고 있는 것은 사실이지만 완성차업체가 사내하청 근로자를 활용할 수밖에 없는 우리나라 산업현장의 특수상황이 있기 때문이다. 대공장의 경우 노조가 강력하기 때문에 유연한 고용관리가 거의 불가능하고 고졸 신입 생산직의 연봉 총액이 4,000만 원에 가까운 현실에서는 대공장 노조들은 어느 형태로는 정규직의 고용을 최소화할 수밖에 없다.

완성차업체들은 당장 실태파악을 통하여 2년 이상이 된 하청업체의 근로자들을 생산현장에서 떠나게 하는 조치를 할 것으로 보인다. 대법원 판결로 판결의 소송 당사자인 사내하청 근로자들의 권익은 보호되겠지만 유사한 상황의 많은 사내하청 근로자들은 고용이 불안정해질 것이다. 기간제 근로자를 보호한다는 취지에서 기간제 근로자의 계속고용 기간을 2년으로 제한하면서 많은 기간제 근로자들이 본인의 의사와는 관계없이 직장을 떠나야 했던 상황이 재연된 것처럼 말이다. 또한 완성차업체들은 생산공정의 변화를 통해 사내하청에 대한 의존도를 줄이는 조치를 취함으로써 결과적으로는 사내하청 근로자들의 고용도 감소시킬 것이다.

대법원의 이번 판결로 강력한 노조에 의해 보호되는 대공장 근로자들의 경직적 고용관행을 개혁해야 할 당위성은 더욱 커졌다. 열린 노동시장이 구축되는 상황에서 법에 의존하는 비정규직 보호는 또 다른 형태의 편법적 고용관행을 가져오고, 비록 일부이지만 오히려 비정규직 근로자의 고용불안을 가져 올 것이다. 완성차공장의 사내하청 근로자와 비교되는 완성차업체의 정규직 근로자의 처우가 과도하다면 과도한 처우에 대비해 차별을 개선하려는 것보다는 과도한 처우를 받고 있는 정규직 근로자의 고용조건을 조정하는 것이 보다 합리적이다.

8. 당정, '비정규직 문제' 직무유기 말라[10)]

비정규직법 개정을 둘러싼 정부 여당의 입장이 산업 현장에 혼란을 불러 일으키고 있다.

지난해 말부터 비정규직법의 개정 필요성을 줄기차게 역설해오던 노동부장관이 9월 정기국회에서 개정안 처리가 힘든 만큼 법 개정에 주력하기보다는 기업들에 정규직 전환을 적극적으로 권장하고 사회보험료와 법인세 감면 등의 지원책을 강구하는 방향으로 정책 역량을 집중하겠다고 밝혔다. 안상수 한나라당 원

10) 문화일보 〈포럼〉 (2009. 7. 29)

내대표도 근본적인 해결을 위해 태스크포스팀을 만들어서 근원적인 대안을 찾을 것이나 비정규직법 적용을 1년6개월 유예하는 기존 당론은 유지할 것이라는 어정쩡한 입장이다.

노동부가 주장하던 규모는 아니지만 비정규직법 시행으로 상당수의 기간제 근로자가 해고되거나 일부 영세 업체에서는 법과 관계없이 편법적인 방법에 의해 계속 고용이 유지되는 현실에서 비정규직법의 유예나 사용시한 연장을 포기하는 것은 이해할 수 없다. 특히 당정이 비정규직법에 대한 근원적인 대안으로 비정규직의 사용 사유를 제한하거나 정규직 전환 의무 비율을 도입하거나 계약기간에 대한 제한을 철폐하는 대신 처우개선을 의무화하는 방안을 검토하는 것으로 알려진다. 하지만 이 같은 해결책은 비정규직 문제의 본질을 간과한 대안일 뿐 아니라 현 정부의 지금까지 노동정책의 기조와도 정면으로 배치되는 것이다.

당초 비정규직법에서 기간제 근로자의 계속 사용기간을 제한한 것은, 기업들이 일정 기간 사용 후에 기간제 근로자를 정규직으로 전환하도록 유도함으로써 기간제 근로자를 과도하게 고용하는 것을 막으려는 취지였다. 하지만 비정규직법 시행 후의 상황을 보면 기업들이 비정규직법 때문에 기간제 근로자를 정규직으로 전환하는 효과는 미미하다. 국책 연구기관인 노동연구원의 연구 결과 등에 의하면 비정규직법의 2년 사용시한 때문에 기간제 근로자가 정규직으로 전환되는 비율은 법 시행 후 겨우 1~2%포인트 높아졌을 뿐이다.

법 시행 초기 공공기관이나 대기업에서 반복 갱신자, 기간제 장기 근속자가 30만명 이상 정규직화하는 효과는 있었다. 그러나 7월1일 이후 공공부문부터 기간제 근로자가 해고되는 사태에서 보듯이 더 이상 공공부문이나 대기업에서 비정규직법 때문에 기간제 근로자가 정규직으로 전환되는 경우는 드물다.

비정규직이 양산되고 있는 것은 정규직 노동시장이 경직적이기 때문이다. 비정규직 고용 사유를 제한하거나 정규직 대비 비정규직 비율을 도입하거나 하는 조치 등은 오히려 기업들로 하여금 정규직의 고용도 주저하게 만들어 가득이나 어려운 일자리 사정을 더욱 악화시킬 뿐이다. 비정규직에 대한 근원적인 대책을 강구하겠다는 정부 여당의 구상은 환영한다. 그러나 그 대책이 정규직 노동시장의 유연성을 제고함으로써 기업들이 스스로 비정규직보다는 정규직으로 필요한 인력을 활용하도록 하는 것이어야지, 비정규직의 정규직화를 기업에 강제하는 것이어서는 안된다.

올 하반기에는 내년부터 시행되는 단위사업장에서의 복수 노조 허용, 노조전임자에 대한 사용자의 급여 지급 금지 관련 법의 개정을 둘러싸고 노사정 간에 치열한 다툼이 예상된다. 비정규직법에 대해 근원적인 대안을 강구하겠다는 정부 여당의 입장

선회는 이미 시행된 법의 문제 해결은 시간을 벌고 당장 급한 현안에 역량을 집중하겠다는 전략적인 선택의 결과일 수 있다. 그러나 경제위기 상황에서 기간제 근로자들이 실직되는 현실을 외면하지 않고 적어도 계속사용 기간을 연장하거나 법의 적용이 유예되도록 최선의 노력을 다하고 노동시장을 유연화하는 대안을 강구하지 않는다면 책임 있는 정부 여당의 직무를 포기하는 것이다.

9. '발등의 불' 비정규직 올바른 해법[11)]

교착상태에 빠진 비정규직법의 처리를 위해 기간제 근로자의 계속 사용기간을 2년에서 4년으로 늘리는 대신 법의 적용시기를 일단 유예하기로 당론을 정한 한나라당이 한 발 더 나아가 야당인 민주당이 요구해 온 '기업이 비정규직을 정규직으로 전환하는 경우 받는 지원금의 규모를 확충하는 방안'을 일부 수용하기로 결정했다고 한다. 민주당은 비정규직 문제에 대한 해결 방안의 하나로 오는 7월1일부터 3년간 매년 1조2000억원의 정규직 전환 지원금을 조성해 기업에 지원할 것을 요구해 왔다.

비정규직법의 개정과 관련해 한나라당은 지금까지 집권 여당

11) 세계일보 〈시론〉 (2009. 6. 15)

으로서 무기력한 행태를 보여왔다. 비정규직법이 100인 미만 기업에 확대 적용되는 오는 7월1일부터 심각한 고용대란이 예상되므로 법의 개정이 필요하다는 정부의 입장을 수용해 작년 말부터 한나라당 주관으로 비정규직법 개정안을 만들고자 했으나 내부 의견이 조율되지 않아 발의조차 못하고 급기야는 정부입법으로 비정규직법 개정안이 지난 5월에 발의됐다.

그러나 법의 적용시기를 일단 유예하고 비정규직 근로자를 정규직 근로자로 전환하는 기업에 보조금을 주는 방안이, 정부 여당이 우려하는 7월 이후 비정규직 고용불안을 일단은 잠재울 수 있겠지만 비정규직 문제를 해결할 수 있을지는 의문이다.

2006년에 기간제 근로자의 계속 사용기간을 정하면서 당초 정부는 3년을 제안했다. 당시 고용계약기간이 3년 이상인 기간제 근로자가 83%이고, 기간제 근로자라도 반복 근로계약의 기간이 3년 이상이고, 하던 업무가 유지되는 경우 기간의 정함이 없는 근로자로 인정하던 법원의 판례를 고려할 때 합리적인 제안이었던 것으로 평가된다. 그러나 당시 집권 여당이던 민주당과 정부가 정치권, 노동계의 눈치를 보느라 정부안과 노동계안을 적당히 절충해 계속 고용기간을 2년으로 단축함으로써 글로벌 경제위기와 함께 비정규직의 고용불안이 더욱 심화되는 현재와 같은 상황이 초래된 것이다.

유예를 하되 정규직 전환 기업에 대해 보조금을 확충하는 방안은 2년 전의 비정규직법의 제정 당시와 마찬가지로 원칙이 없는 편법적인 대책이라고 볼 수 있다. 계속 사용기간을 4년으로 연장하는 대신 일단 유예를 하는 경우 유예기간이 종료되는 시점에서 발생하게 되는 비정규직 근로자의 고용불안 문제는 여전히 남게 된다.

우리나라의 비정규직 문제는 정규직 노동시장의 고용경직성으로 인해 구조적으로 발생하기 때문에 경제위기의 극복 여부와 관계없이 기업, 특히 중소기업은 계속 사용기간을 규제한다면 기간제 근로자를 허용되는 기간만 고용하고 해고하는 관행을 반복할 것이다. 이는 민주당이 주장하는, 정규직으로 전환하는 기업에 대해 보조금을 주는 조치가 국민의 세금을 낭비하는 결과가 될 것으로 보는 이유이기도 하다.

우리나라에서 기간제 근로자가 기간의 정함이 없는 근로자로 전환되는 비율은 14% 정도이고, 비정규직법 시행 이후 1~2%포인트 올라갔다는 것이 여러 연구의 결과이다. 정규직으로 전환하는 기업에 보조금을 주는 방안이 시행되면 정부의 보조금이 없이도 비정규직 근로자를 정규직으로 전환하려고 하는 기업에 이유 없이 지원금을 주는 소위 '사중손실' 효과가 발생할 것이다.

우리나라의 비정규직 근로자 비율은 다른 경제협력개발기구(OECD) 국가에 비해 매우 과도하므로 비정규직 문제는 우리 사회가 시급히 해결해야 한다. 그러나 법으로 비정규직을 보호하려는 시도는 필연적으로 비정규직 근로자에게 차별적인 결과를 가져올 수밖에 없다. 정규직 노동시장의 경직성을 어떻게 완화하느냐는 문제와 연계해 접근하지 않는다면 비정규직 문제는 대안은 없고 현재와 같이 소모적인 논쟁만을 가져올 것이다.

4장

일자리

4장 일자리

일자리가 우리사회의 문제가 된지도 10여년이 넘었다. 1997년 말 터진 외환위기 이후 우리 경제는 일자리 문제에서 벗어난 적이 없다.

1997년 말 이후 3번의 대통령 선거가 있었고, 대선에서 모든 후보(대통령에 당선되지 못한 후보를 포함하여)는 모든 국민에게 행복을 줄 수 있는 좋은 일자리를 충분히 만들겠다고 약속하였으나, 결과적으로는 일자리 문제는 해결의 실마리를 보이지 않고 있다.

김대중정부와 이명박정부의 초기에는 경제위기라는 예외적인 상황에 있었다는 것을 고려하더라도 연간 50만개 이상의 일자리를 만들겠다는 대선공약은 5년 단임 대통령으로서는 누가 대통령이 된다 하더라도 당초부터 실현가능성이 매우 작은(우리나라 경제의 근본적인 체질개선이 전제되어야 함으로) 공약이다[1].

[그림 4-1] 연간 취업자 수 증감추이 (1997-2011)

(단위: 천명)

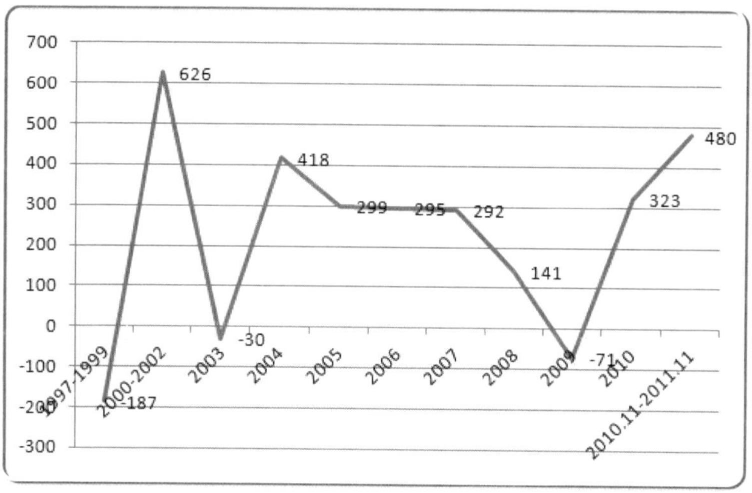

자료: 통계청, 「경제활동인구조사」, 각호

1) 2008년 말 발생한 글로벌 금융위기에 따라 경제 불황을 조기에 성공적으로 극복한 나라중에 하나인 우리나라는 취업자 수가 지속적으로 증가하고 있다. 2011년 10월의 경우 취업자는 2,467만3천명으로 전년동월대비 50만1천명 증가하였는데, 취업자 증가폭이 50만명을 넘은 건 2010년 5월(58만 6천명 증가) 이후 17개월만이었다. 그러나 이와 같은 취업자 증가는 경제위기로 인해 줄어들었던 고용이 정상화되는 과정에서 일어나는 예외적인 것으로 이해하여야 한다.

최근의 유로존의 경제위기의 단초가 된 그리스의 재정위기에서 보듯이 공공부문에 의존하는 일자리 창출 전략은 파국적인 결과를 초래할 가능성이 크다.

우리 경제의 고용창출 능력이 살아나기 위해서는 기업, 특히 대기업들이 고용창출이 사회적 책무라는 인식을 가져야 한다. 세계시장에서 글로벌 기업과 경쟁하는 기업으로서는 기업운영의 효율화 측면에서 당장의 이익증대를 무시할 수는 없지만 일자리 문제가 해결되지 않고는 우리 사회의 갈등구조가 근원적으로 치료되지 않고, 결국은 기업이 필요로 하는 안정적인 경영환경이 보장될 수 없다는 것을 주지하여야 한다.

대기업, 공공부문의 소수 근로자는 과도하게 보호받고, 많은 중소기업, 비정규직 근로자는 법에 보장되어 있는 보호도 많지 못하는 노동시장의 이중구조가 심각한 실정이다. 일단 진입하면 퇴출이 거의 되지 않는 대기업, 공공부분의 노동시장 경직성이 해결되어야 대기업의 소수 핵심인력 위주의 인력관리 관행이 타파되는 전기가 마련될 수 있다.

최근에는 많은 변화가 있지만 연공위주의 노동시장 관행이 더욱 개선되어야 한다. 연공위주의 조직문화가 오히려 중고령 근로자의 노동시장 퇴출을 촉진시키고 있다. 조직에 기여하는 바에 따라 보상받는, 나이가 많고, 회사에 들어온지 오래되어도 나이가 젊은 후배 밑에서 업무지시를 받으면서 자연스럽게 일하는 조직문화가 조성되어야 한다.

최근의 취업자 증가는 50세 이상 고연령층에 의해 주도되고 있다. 전체 취업자 증가분 대비 50세 이상 고연령층 취업자 증가분의 비율을 보면 적게는 90%, 많게는 130%에 달한다. 반면에 20대와 30대의 일자리는 늘어나지 않거나 줄어들고 있다. 젊은 연령층이 기피하는 질이 낮은 일자리 중심으로 고용이 창출되는 현상을 반영하는 것으로 해석된다.

[그림 4-2] 전체 취업자 증가분 대비 50세 이상 취업자 증가분 비율 (2010.4-2011.10)

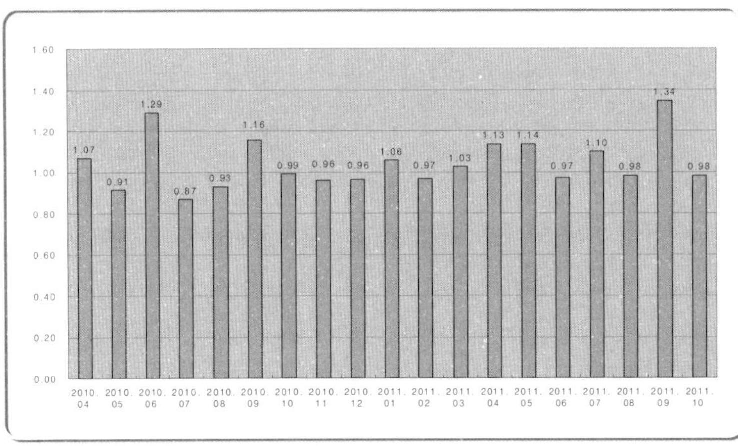

자료: 통계청, 「경제활동인구조사」, 각호

정부가 스스로 밝혔듯이 2003년 이후 10여차례의 청년실업대책이 마련되었지만 청년실업문제는 역시 해결의 실마리가 보이지 않고 있다. '반값 등록금' 시위에서 보듯이 제대로 된 직장을 가지지 못하는 젊은 층들의 분노와 좌절이 집단화되면서 우리 사회의 가장 큰 불안요인의 하나가 되었다.

80%가 넘는 고등학교 졸업자가 대학을 가는 현실에서는 어떠한 정부 대책도 청년실업문제를 해결할 수 없다. 2011년에 들어서 불기 시작한 고졸자 채용 바람이 일시적인 현상이 아니라 지속되고, 대학에 대한 과감한 구조 조정을 통해 경쟁력 없는 대학이 퇴출될 때 청년실업 문제가 해결될 수 있는 기반이 구축될 수 있다.

우리나라에는 현재 50만명이 넘는 저숙련외국인 근로자가 있다. 그중 3분의 2는 동포 외국인 근로자이고 나머지 3분의 1은 (우리나라 국민의 피가 섞이지 않은) 순수 외국인 근로자이다. 2003년에 고용허가제를 도입하면서 우리나라 저숙련 외국인 근로자 정책의 일대 전기가 마련되었지만, 우리나라의 외국인력 관리체계는 법무부가 관리하는 H-2 체류자격 동포외국인 근로자와 고용노동부가 관리하는 E-9 체류자격 순수 외국인력정책으로 이원화된 구조적 한계를 극복하지 못하고 있다.

특히 저숙련 외국인근로자의 정주 가능성을 의도적으로 외면하는 정책을 계속하고 있다. 고용허가제가 도입된지 10년이 경과한 현시점에서 관련 부처간의 긴밀한 협의 그리고 사회적 공론화를 거쳐 저숙련외국인력의 정주화에 대한 사회적 공감대를 마련하고 이를 근간으로 저숙련외국인력 정책을 재정립하여야 한다.

1. 중고령자 고용 촉진을 위해[2)]

지난달 30일 통계청이 발표한 인구주택총조사 결과를 보면 2010년을 기준으로 65세 인구는 전체 인구의 11.3%인 542만명이다. 당초 정부 예측치보다 6만명 늘어난 수치다. 전국 230개 모든 시·군·구가 65세 이상이 전체 인구의 7%를 넘는 고령화사회가 됐고 35.7%인 82개의 시·군·구가 노인 인구 20%를 넘는 초고령사회가 됐다.

우리나라는 2000년 고령화사회에 진입했으며 18년 만인 2018년에 65세 인구 비율이 14% 이상인 고령사회로 진입할 것으로 예상됐는데 당초 예상보다 빠르게 고령화가 진행되고 있다. 고령화사회에 들어간 이후 일본은 24년, 미국은 72년 만에 고령사회에 진입했는데, 이런 추세로 가면 우리나라가 전 세계에서 가장 빠른 속도로 고령사회가 될 것이다. 14세 이하의 유소년 인구

2) 국민일보 〈경제시평〉 (2011. 6. 12)

는 2010년 778만7000명으로 5년 전에 비해 13.3% 감소했다. 2010년 현재 30대 100명 중 29명이 결혼을 하지 않고 있는 것으로 조사됐는데, 2005년에는 100명 중 22명이 미혼자였다.

인구가 고령화되면 연금제도, 국가재정계획 등 중장기적 경제운용의 틀을 다시 짜야 하는데, 가장 큰 문제는 우리 경제의 성장잠재력이 떨어진다는 것이다. 경제협력개발기구(OECD)는 저출산, 고령화 영향으로 현재 4%의 우리나라 잠재성장률이 2016~2026년에는 2.4%로 떨어질 것으로 예상했다. 고령화에 따른 성장 잠재력 저하를 상쇄하기 위해서는 고령인구를 포함한 현재 인력을 효율적으로 활용해야 하는데, 우리 현실은 그렇지 못하다.

중고령자는 한번 실직하면 재취업이 어려워 직장 잡기를 포기하거나 열악한 일자리를 받아들일 수밖에 없다. 고용노동부 통계에 따르면 2009년 기준 60대 근로자의 월평균 근로소득은 107만원, 취업률은 18.8%에 불과하다.

60대뿐 아니라 많은 40, 50대들이 직장에서 퇴출돼 비정규직 시장에 합류하고 있다. 특히 현재 40대 말에서 50대 중반인 1963년생부터 1955년생 사이의 베이비붐 세대는 700만명이 넘고 있는데, 이 중 상용직 근로자 200만명 정도가 기존 직장에서 은퇴를 시작하면서 새로운 일자리를 찾기 위한 노동시장에서의 경쟁이 더욱 치열해지고 있다. 아르바이트 전문 구인구직 포털인 알

바몬에 따르면 2007년 3월부터 2011년 3월까지 4년간 50대 이상 구직자가 5.4배, 40대 구직자가 4배 증가했다.

지난 6월 10일 베이비붐 세대 등 고령자 고용촉진을 위한 노사정 합의가 도출된 것은 우리 사회의 고령화에 따른 가장 현실적인 핵심 현안인 고령자 취업에 대해 노사정이 공동대처하기로 했다는 점에서 매우 반가운 소식이다.

노사정이 합의한 임금피크제 활성화, 퇴직경로 다양화, 점진적 퇴직모형 발굴 및 확산 등 주된 일자리에 지속적으로 일할 수 있는 제도 개선 강구나 중고령자에게 적합한 일자리 개발, 사회공헌형 일자리 발굴, 전직지원 서비스 및 창업지원 강화 등 고령자 실직 시 다양한 조기 재취업 지원, 그리고 근로유인을 촉진하기 위한 국민연금 개편 및 퇴직연금 활성화는 고령 근로자의 고용 촉진을 위한 제도적 기반을 강화할 것이다.

핵심 쟁점의 하나인 정년연장 법제화에 합의하지는 못했지만 정년연장 법제화가 반드시 고령자 고용 촉진을 위한 전제조건이라고 할 수는 없다. 오히려 경제적으로나 사회적으로 연령이 고용이나 취업에 차별적 요인으로 작용하지 않는 조직문화가 조성돼야 한다.

고령자 고용 촉진을 위해서는 무엇보다도 우리 사회의 연공위주 조직문화가 바뀌어야 한다. 나이가 많고, 회사에 들어온 지 오래됐어도 나이가 젊은 후배 밑에서 업무 지시를 받으면서 자연스럽게 일하는 조직문화가 조성돼야 한다. 특히 연공급 임금체계가 개선돼야 한다. 조직에 기여하는 바는 떨어지는데 연령이 많다고, 근속연수가 길다고 해서 급여를 많이 받는 임금체계가 오히려 중고령 근로자의 조기 퇴출을 촉진시키고 있다.

2. 고용창출은 대기업의 책무[3)]

요새 대기업들은 표정관리가 필요할 정도로 장사가 잘되고 있다. 지난해 삼성전자는 매출 154조원, 영업이익 17조원이라는 창사 이후 최대 실적을 냈고, 현대 · 기아차는 당기순이익이 각각 5조2000억원, 2조2000억원이었다. 대표적 독과점기업인 SK텔레콤과 KT는 이익이 2조원을 넘어서 요즘 통신료 인하가 사회적 이슈가 되고 있다.

여러 요인으로 대기업들의 곳간은 올해에도 더욱 풍족해질 것 같다. 삼성전자 등 전자업체들은 반도체 가격이 상승국면으로 돌아섰고, 스마트폰의 경쟁력이 올라가면서 매출확대를 기대하고 있다. 현대 · 기아차도 플랫폼 통합에 따른 원가절감, 일본지진으로 인한 도요타의 생산차질 등으로 올해에도 신장세가 지속될 전망이다.

3) 국민일보 〈경제시평〉 (2011. 4. 17)

그러나 외국인들이 한국은 잘 몰라도 현대차, 삼성전자는 알 정도로 성장한 우리나라 대기업에 대한 국민들의 시선은 곱지만은 않다. 정운찬 동반성장위원회 위원장의 '초과이익공유제' 주장으로 한바탕 홍역을 치른 재계는, 초과이익공유제를 강하게 비판하던 최중경 지식경제부 장관이 "납품단가를 깎아서 이익을 많이 내는 중간 간부는 해고해야 합니다. 제대로 된 기업 오너라면 그런 사람은 해고를 해야 되는 겁니다"라는 발언으로 대기업 소유주뿐만 아니라 대기업 간부들의 인식전환을 촉구하여 마음고생이 심하다.

국민의 반(反)대기업 정서는 전년도 고용실적을 보면 이해되는 측면이 있다. 기업 프렌들리 정책을 내세웠던 MB정부가 대기업 프렌들리는 아니라는 것을 천명하는 것도 같은 맥락에서 이해될 수 있다. 글로벌 금융위기로 취업자가 감소하였던 2009년과는 달리 2010년에는 우리나라의 전체 취업자가 32만3000만명 늘어났다. 그러나 청년실업이 문제이다. 졸업 후 3개월 시점에서 신규대졸자의 취업률은 아직 50%대에 머물고 있다.

모 언론매체의 기획기사에 의하면 매출액기준 상위 30대기업(공기업, 금융회사 제외)의 2010년 매출은 630조5000억원, 영업이익은 53조3000억원으로 2007년 대비 각각 55.8%, 73.3% 늘어났다. 그러나 같은 기간 직원수는 고작 10.3% 늘어났다. 2009년 말 5000명을 명예퇴직시킨 KT 등 3년 동안 1000명 이상 줄인 기업도 여럿이 있다. 재계는 지난해 '300만 고용위원회'를 만들고 향후 8년 동안 300만개의 일자리를 만들겠다고 약속했는데, 많은 정치공약(公約)과 같이 공약(空約)이 아니었나 한다.

대기업들이 매출 신장에도 불구하고 일자리 창출을 최소화하거나 고용을 줄이는 것이 어제오늘의 일은 아니다. 300인 이상 사업체의 근로자 수는 1993년 256만명에서 2009년 240만명으로 줄어들었고 같은 기간 전체고용에서 차지하는 비중은 21%에서 14.2%로 크게 줄었다. 글로벌시장에서 슈퍼 글로벌기업들과 치열하게 경쟁하는 우리나라 대기업들은 효율적 경영을 위해 핵심인력에 집중하는 것이 무슨 잘못이냐고 반문할 수 있다.

필자는 2000년대 중반부터 우리사회의 화두가 된 양극화라는 용어를 매우 싫어한다. 같은 사회 구성원들을 서로 반목하게 하는 측면이 있기 때문이다. 그러나 최근의 글로벌 금융위기를 겪으면서 우리 사회는 양극화의 심화로 표현할 수밖에 없는 여러 상황이 일어나고 있다. 현대차의 사내하청업체 근로자를 파견근로자로 본 지난해 대법원판결로 사회이슈화된 사내하도급문제 그리고 대학의 청소용역근로자 문제도 우리나라 노동시장의 경직성과 함께 대기업의 소수 핵심인력위주의 인력관리가 낳은 결과의 하나이다.

괜찮고 좋은 일자리를 늘리는 것이 우리 대기업들의 우리 사회에 대한 가장 큰 사회적 책임의 하나이다. 정부의 대기업육성 정책에 의해 성장기반을 구축한 우리나라 대기업들은 이번의 금융위기에도 정부의 환율, 금리 및 세제 혜택에 힘입어 위기를 잘 극복하고 새로운 도약의 전기를 마련하였다. 우리나라 대기업들이 보다 구체적인 일자리 창출 전략과 대안을 마련하여 실천하는 것이 궁극적으로 대기업들에게도 도움이 되고 국민들로부터 신뢰도 회복하는 길이다.

3. 청년 일자리 해결하려면[4)]

우리나라의 청년 실업문제가 심각하다는 것은 이제 더 이상 언급할 필요조차 없다. 통계청이 발표한 고용동향에 따르면 지난 9월 현재 20대의 실업률은 7.7%로 전체 실업률 3.4%보다 배 이상 높다. 공식적인 20대 실업자는 28만1000명이지만 학교나 학원에 다니지 않으면서 취업을 준비하는 비경제활동인구 62만 6000명까지도 포함하면 20대 실업자는 90만명을 넘어선다.

정부가 지난 10월 12일 발표한 '청년 내일 만들기' 프로젝트에 따르면 청년 사회적 기업가가 육성되고, 창조캠퍼스 및 창조마

4) 국민일보 〈경제시평〉 (2010. 10. 31)

을 등 청년 창업의 기반이 조성된다. 에너지 분야, 출연연구기관 등의 인원이 늘어나고, 소방 및 치안, 특허 및 상품 출원 관련 심사인원과 재배방치 모니터링 요원으로 청년이 활용된다. 취업연계형 인턴이 내년에 3000명 늘어난다. 정부는 이번 대책을 통해 7만7000개의 청년 일자리가 만들어질 것으로 기대하고 있다. 대학졸업자 및 졸업예정자를 현장형 인재로 육성하기 위해 기업이 주도하는 취업아카데미가 신설된다. 대학평가제도가 산업계 관점으로 바뀌고 뻥튀기로 문제가 되고 있는 대학취업률 공표가 내실화되도록 제도를 개선할 방침이다.

특성화고등학교의 취업을 촉진하기 위해 산업현장의 근로경험이 학점으로 인정되고 고교 졸업 후에도 계속 일할 수 있도록 병역특례 지원 방안이 검토된다. 또한 학교 밖으로 내몰린 청소년들의 취업을 지원하기 위한 취업사관학교가 개설된다. 정부 스스로 밝혔듯이 2003년 이후 9차례 청년실업대책을 마련하였으나 근본적인 고용개선 효과는 미흡했고 10번째 발표되는 정부의 이번 대책도 우리나라의 청년 일자리 문제를 본질적으로 해결해 줄지는 의문이다.

청년 실업문제는 우리나라의 대학생 수가 너무 많다는 데서 시작된다. 우리나라는 현재 고등학교를 졸업한 10명 중 8명꼴로 그해에 대학을 진학하고 있다. 재수를 해서 그 다음해에 대학에 진학하는 학생들까지 포함하면 10명 중 9명이 대학에 간다는 것이다. 대졸 취업난을 반영해 2009년 대학취업률이 20년 만에 약간 떨어졌지만 일본의 대학진학률이 50%대 후반인 것에서 알 수 있듯이 여전히 너무 많은 사람들이 대학에 진학하고 있다. 대학을 나와 졸업 후 몇 달이 지나도 절반 정도만이 정규직에 취업하는 상황은 1997년 말 외환위기 이후 지속되고 있는데 앞으로도 크게 바뀌기는 힘들다.

우리 사회의 일자리 문제가 본질적으로 해결되려면 1년에 50만개의 일자리가 늘어나야 하는데 2008년 글로벌 금융위기 전에도 1년에 고작 30만개의 일자리가 늘어났다. 글로벌 금융위기 이후인 2008년에는 약 15만개가 늘어났고 지난해에는 오히려 줄어들었다. 대졸자들이 극도의 취업난을 겪고 있는 반면 중소기업들은 구인난을 호소하고 현재 약 60만명의 단순기능 외국 인력이 취업하고 있다.

과감한 대학의 구조조정이 이루어져야 한다. 정부는 과거 준칙주의에 의거해 무분별하게 대학 설립을 허가해 줌으로써 현재의 대졸자 취업난을 조장한 결과를 가져왔다. 정부가 앞장서서 대학의 구조조정을 선도해야 하는 이유다. 청년들이 직업 경쟁력을 높여 국내외에서 스스로 일자리를 개척하도록 지원하겠다는 게 정부 방침인데, 눈높이가 높아진 대졸자들이 갈 일자리가 절대적으로 부족한 현실에서 산업계가 요구하는 현장형 인재 육성 대책으로는 청년 일자리 문제를 해결할 수 없다.

젊은이들이 가고 싶어하는 좋은 일자리가 줄어들고 있다. 300인 이상 대기업 일자리는 93년 250만개에서 2005년 180만개로 오히려 줄어들었다. 기업하기 좋은 사회적 환경이 만들어져야 한다. 최근의 기업 비리에 대한 검찰 수사를 보면 기업들이 스스로 자초한 측면도 있지만 기업하는 사람들에 대한 국민이나 여론의 시선이 보다 따뜻해져야 한다. 지구촌 경제시대에 자본에는 국적이 없으며 세계 어디에도 공장은 만들 수 있다.

4. 외국인력 제대로 쓰려면[5)]

공정거래위원회가 최근 발표한 대기업과 중소기업의 상생협력을 위한 동반성장 대책의 하나로 외국인력 쿼터의 탄력적 운용이 포함되어 있다. 이것이 시사하듯 우리나라 경제에서 외국인력이 차지하는 비중이 점점 중요해지고 있다.

금년 6월 말 현재 국내에 취업하고 있는 외국인력은 69만명으로 우리나라 총취업자의 3%에 가깝다. 우리나라의 고령화 속도가 OECD 국가 중 가장 빠른 것을 고려하면 올바른 외국인력 정책 기조를 정립하는 것은 매우 중요한 국가적 과제이나 여러 문

5) 국민일보 〈경제시평〉 (2010. 10. 3)

제점이 노출되고 있다.

2007년 3월 방문취업제도 도입 이후 급격히 늘어난 외국 동포 인력은 주로 건설현장 및 음식업에 취업하고 있는데, 건설현장에서는 우리나라 근로자들의 고용 기회를 상당히 잠식하고 있다. 30만명이 넘는 동포 인력의 경우 일자리 없이도 국내에 들어올 수 있으나 취업 후에는 관계당국에 보고하도록 되어 있다. 그러나 강제할 수단이 없어 어느 분야에 취업하고 있는지 실태파악도 되어 있지 않은 상황이다.

외국인 유학생의 경우 2002년 말에는 7000여명에 불과하였으나 2009년 말에는 8만명이 넘는 등 10배 이상 급증하였다. 주로 중국 등 개발도상국에서 오고 있는 외국인 유학생은 학생 모집에 어려움을 겪고 있는 일부 지방대학의 재정난 해소에는 도움될지는 모르나 현재 우리나라 대학생들의 아르바이트 일자리를 상당히 빼앗고 있고, 졸업 후에는 우리나라 청년 실업난을 가중시킬 것으로 우려된다.

전문인력의 경우 해외 우수인력을 유치하기 위해 다방면으로 노력하고 있지만 외국어 회화 지도 인력만 밀려들어오고, 글로벌 인재들은 국내 취업을 외면하고 있다. 무엇보다도 외국인력 취업의 국내 노동시장 영향을 검증하는 시스템이 확립되어야 한다. 현재 우리나라는 일반고용허가제로 도입되는 외국인력에 대해서만 사업주의 구인 노력을 의무화하고 있으나 대부분 선진국의 경우 글로벌 인재를 제외하면 전문인력도 국내노동시장에의 영향을 고려하여 도입하고 있다.

또한 출입국관리법에서 전문인력으로 분류된 직업 중 영어회화지도를 제외하면 가장 큰 비중을 차지하는 특정 활동 자격 외국인의 상당수는 처우 등을 고려할 때 전문 인력으로 볼 수 없으나 사업자의 구인노력 없이 관련부처나 법무부 출입국관리소의 판단만으로 국내에 취업하고 있다. 진정한 의미의 전문 인력을 제외하면 사업주의 구인 노력을 강제해야 할 뿐 아니라 싱가포르나 대만처럼 외국인을 고용하는 사업주에 부과하는 고용분담금제의 도입도 신중히 검토하여야 한다.

국내 기업들의 외국인력 활용을 지원하는 체제도 구축되어야 한다. 전문인력의 경우 채용에 상당한 어려움이 있는 현실을 고려하면 주요 전문인력 수입 국가와 국가대 국가 MOU 체결을 통하여 기업들의 외국인 우수인력 채용을 지원하고 행정상 규제를 과감히 철폐하는 등의 조치를 취하여야 한다.

단순 기능인력도 기업이 원하는 인력을 채용할 수 있도록 다면적이고 다양한 인력선발체계를 구축하고, 채용-체류-출국이 일관된 흐름 속에서 이루어지도록 하는 것이 중요하다. 또한 교육훈련을 강화하여 외국인력의 숙련을 제고해야 한다.

지난 몇 년간 법무부의 적극적인 노력으로 불법체류자는 많이 줄어들었다. 그러나 아직도 17만명이 넘는 외국인 불법체류자가 있다. 이들이 단순 기능인력으로 국내시장에 취업하고 있다고 보면 전체 외국인 단순 기능인력의 25%가 불법체류자이다. 불법체류자 문제는 단속만으로 해결될 수는 없고 그들을 고용하는 사용자의 책임을 강화해야 해결될 수 있다.

외국인력의 도입은 신중하고 일관된 기조를 가지고 하되, 일단 들어온 인력은 정당한 처우를 해주어야 한다. 지구촌 경제시대, 다문화 사회에 걸맞은 중장기적 외국인력 정책 기조가 조속히 확립되어 올바른 정책이 시행되어야 한다.

5. 노동시장의 외국인 끌어안기[6)]

우리나라 외국인 노동자 정책에 일대 전환이 필요하게 됐다. 서울행정법원이 최근 한국 국적 아버지를 둔 중국인 박모씨가 방문취업사증(H-2)체류를 이유로 간이귀화를 불허한 법무부를 상대로 낸 행정재판에서 "적법하게 체류자격을 부여받아 국내에 3년 이상 생활 근거지를 두고 있는 자는 간이귀화 요건의 범위에 해당된다"며 박씨의 손을 들어줬기 때문이다.

서울행정법원의 이번 판결로 논란이 많은 비숙련 외국인력의

---

6) 한국경제 〈시론〉 (2009. 5. 11)

정주(간이귀화) 문제를 의도적으로(?) 회피한 채 운영돼온 외국인 노동자 정책을 근본적으로 바꿀 수밖에 없게 됐다. 비숙련 외국인 노동자가 우리나라에서 일을 하기 위해서는 고용허가를 받은 사업주와의 근로계약을 근거로 발급하는 비전문취업사증(E-9)을 취득하거나, 만 25세 이상 동포이면 방문취업사증(H-2)을 받아야 한다. 우리나라의 비숙련 외국인 노동자 정책은 내국인의 고용기회가 침해되는 것을 방지하고 투명한 도입절차가 가능한 고용허가제로 대변되고 있지만 실질적으로는 방문취업사증을 가진 외국인 노동자가 비전문취업사증 소지자보다 2배 이상 많다. 2009년 1월 현재 국내에 체류중인 비숙련 외국인 노동자 45만명(불법체류자 20만명 제외)중 66%인 30만명이 방문취업자이다.

방문취업제는 2002년 국내에 호적 또는 친척이 있는 외국국적 동포에게 일부 서비스업종에 3년간 취업활동을 허용한 취업관리제에서 출발했다. 취업관리제는 2004년 고용허가제도가 도입되면서 특례제도의 하나로 고용허가제에 흡수 통합됐고 건설업에도 취업이 허용됐다. 2006년 제조업, 농축산업, 연근해어업에도 취업이 허용돼 일반고용허가제와 별다른 차이가 없다가 2007년 국내에 연고가 없는 외국동포에게도 최장 3년간의 체류를 허용하는 방문취업제로 변경된 것이다.

방문취업제는 외국인 노동자 문제를 재외동포관리 차원에서 접근함으로써 고용허가제의 취지를 근본적으로 훼손하고 있다는 비판을 받아 왔다.

국내의 고용주와 근로계약을 체결하기 전에는 입국할 수 없는 일반고용허가제와 달리 일단 국내에 입국한 후 구직활동을 해 일자리를 찾을 수 있고 직장을 얻은 후에는 일선 노동관서에 신고하도록 돼있다. 그러나 신고율이 극히 저조해 실태 파악도 제대로 돼있지 않은 상황이다. 또한 도입인력 규모를 사전에 통제하기 어렵다.

출산율 저조로 OECD 국가 중 가장 빠르게 고령화가 진행되고 있는 우리나라로서는 비숙련 외국인 노동자에 대한 의존은 불가피하며 향후 그 의존도가 더욱 심화될 것이다. 그러나 정부는 비숙련 외국인 노동자의 정주화(간이귀화)는 허용하지 않는다는 원칙론을 내세우면서 실제적으로 정주 가능성이 커지고 있는 외국인 노동자 문제를 애써 외면해 왔다.

서울행정법원의 판결을 계기로 외국인 노동자의 정주화 문제를 공론화하고 심도있게 논의해 외국인 노동자정책을 재정립해야 한다. 해외동포는 외국인 노동자로 받아들이는 경우 정주화를 전제로 받아들여야 한다. 남미로 이민 간 일본인 3세를 외국인 노동자로 받아들인 일본은 처음부터 이민자로 받아들였다.

일반고용허가제로 도입되는 외국인 노동자에 대해서도 최장

4년6개월의 체류를 허용하고 재입국도 자유로이 허용하는 방향으로 법이 개정될 것으로 알려져 있다.

우리나라 국적법상 외국인이 5년 이상 합법적으로 체류하면 영주자격을 신청할 수 있으니 고용허가제가 도입된 지 5년이 경과한 현시점에서 동포뿐 아니라 고용허가제로 도입된 외국인 노동자의 정주화 문제에 대해서도 논의가 필요하다. 비숙련 외국인 노동자의 필요성에 대한 10여년간의 공허한 논란으로 불법체류 외국인 노동자 문제를 키워 온 어리석은 전철을 밟아서는 안된다.

5장

글로벌 금융위기 이후 경제 및 사회현안

5장 글로벌 금융위기 이후 경제 및 사회현안

1. 공적자금 들어간 금융권 연봉 또 올리나[1)]

올해 은행권 노사관계가 심상치 않다. 금융노조는 7월 21일 전국 9000여 분회를 대상으로 찬반투표를 실시해 68.8%의 찬성률로 쟁의행위를 가결했다. 임금협상이 타결되지 않으면 다음 달 6일 전체 신입사원이 참가하는 대규모 집회를 열고, 9월에는 총파업에 들어갈 예정이다. 금융노조가 실제로 총파업을 단행한다면 2000년 7월 이후 11년 만이다.

현재 금융산업 노사 간에 협상이 진행되고 있으나 임금인상

1) 중앙일보 〈열린 광장〉 (2011. 7. 30)

폭에 대한 차이가 크다. 또한 대졸 초임 원상회복에 대해 사측은 교섭대상이 아니라고 주장하고 있어 쉽게 해결될 것 같지 않다.

고임금 업종인 금융산업에서 임금 문제로 노사갈등이 발생한다는 것은 국민에게 매우 짜증스러운 일이다. 고용노동부 조사에 의하면 2010년 기준 금융·보험 산업의 근로자 1인당 평균 연봉은 5152만원이다. 전 산업 평균 3449만원보다 1703만원 많다. 대표적인 금융 공기업인 S은행의 1인당 연평균 보수는 9000만원을 넘는다. 조합원 이탈을 막기 위해 전국의 유명 콘도를 돌아다니면서 파업을 하고 있는 SC제일은행의 경우 퇴직 후에도 자녀 학자금을 지원하는 명예퇴직을 실시했다.

SC제일은행은 공적자금이 투입된 은행이다. 사회 양극화 현상이 심화되고, 청년실업이 화두가 되는 현실에서 막대한 공적자금의 수혈을 받아 기사회생한 은행권에서 과도한 임금인상을 요구하며 파업을 결의하는 것은 잘못된 일이다.

정부가 2009년 경제위기 이후 입사한 금융·공공기관 대졸 신입 직원들에 대해 임금 삭감을 유도한 것은 타 산업과의 임금격차를 완화하는 데 있어 일정한 성과를 거둔 것으로 보인다. 하지만 이들 신입 직원이 기존 직원과의 임금격차로 인해 상대적 박탈감을 느끼고 조직 내 갈등 요인이 되고 있는 것도 사실이다.

이 문제는 노조의 주장처럼 대졸 신입 직원의 임금을 원상회복하기보다는 기존 직원들의 임금인상을 자제하고 그 절약분으로 신입사원의 급여를 단계적으로 보전해 주는 방향으로 나아가는 게 바람직하다. 나아가 금융산업 노사가 577만 명에 달하는 비정규직이나 정규직에 비해 보수와 처우에서 열악한 근로자들, 최근 채용이 확대되는 고졸 신규 직원들에 대한 근로조건 문제를 우선 배려하는 성숙한 자세를 보이길 기대한다.

2. 정부의 면책 수단된 '위원회'[2)]

우리나라는 민주화하면서 각계각층의 목소리를 수렴한다는 취지에서 정부가 주요 정책을 결정할 때 정부 관계자와 이해관계자 대표, 전문가로 구성된 위원회 논의를 거쳐 정책 방향을 결정하는 방식을 채택해 왔다. 그러나 근년에 들어 이런 방식은 정책 결정에 대한 정부의 책임을 분산시키고, 종종 의사결정의 효율성을 떨어뜨리는 등 부작용이 심각해지고 있다.

이명박 정부도 초기에는 과다한 위원회의 폐해를 인식하고 대폭 축소할 방침을 밝혔다. 그러나 임기가 2년도 안 남은 현 시점에서 보면 이 정부에서도 민관위원회를 거치는 정부의 정책결정 방식은 크게 달라지지 않은 것 같다.

2) 중앙일보 〈비즈칼럼〉 (2011. 7. 18)

정부의 각종 위원회는 관이 주도하는 일방적인 정책결정이 아니라 민간전문가 및 이해관계자의 의견을 수렴한다는 좋은 취지에서 출발했다. 하지만 정부가 책임을 면하는 수단으로 이용돼선 안 된다.

최근 경남지역에서 쟁점이 되고 있는 창원MBC와 진주MBC의 통합문제를 보면 위원회를 통한 지역의견 수렴이 오히려 갈등을 조장하는 측면이 있다는 걸 알 수 있다. 방송통신위원회가 2004년과 2007년 재허가 심사 때마다 지역 MBC에 대해 광역화 추진을 권고하고 부담 의무를 부과하자 MBC 이사회에서 창원MBC와 진주MBC의 합병 결의를 하고 지난해 9월 방통위에 승인을 신청했다. 그러나 방통위가 1년이 다 돼가는 지금까지 지역방송발전위원회를 통한 지역의견 수렴 등을 이유로 심사와 승인 결정을 두 차례나 연기했다. 이에 따라 이를 둘러싼 노사 갈등과 지역 갈등은 증폭되고 있다.

정부는 민관위원회를 추진하는 정책의 방패막이로 삼겠다는 생각을 버려야 한다. 교수 출신 민간위원 한 명이 지난달 28일 "정부가 짜 놓은 각본의 들러리가 되고 싶지 않다"며 사퇴한 '금융감독 혁신 태스크포스' 사례에서 보듯이 이제 우리 사회도 민간전문가가 자신의 생각을 접고 정부 관계자의 뜻을 무조건 따라주지 않을 정도로 성숙했다. 정부가 올바른 정책 방향이라고 믿는다면 굳이 민·관 협의를 거쳤다고 포장할 필요가 없다.

대통령이 3년간 다섯 번을 사과하도록 하고 결국은 백지화한 동남권신공항의 경우를 보면 정부가 더 당당해질 필요가 있다. 잘못된 선거공약으로 경제성이 없다는 게 오래 전에 판명난 상황이었다. 그런데 그 발표를 몇 년 유보하며 지역 갈등을 키우다가 마지막에 가서 위원회 하나 만들어 경제성이 없는 것으로 결론지었다.

민관위원회를 통한 정책결정 구조에 문제가 있다면 이를 과감히 시정해야 한다. 최근 노사대표위원이 모두 사퇴해 내년에 새로운 직장을 구하는 근로자는 최저임금의 보호를 받지 못할 수도 있는 사태까지 치달은 최저임금 결정 과정은 어떤가. 노사 대표가 참여하는 결정구조로 인해 갈등은 매년 되풀이될 수 있다.

내년도 총선과 대선을 의식해 정치권이 포퓰리즘에 빠져 있는 현 시점에서 국민을 먼저 생각하는 소신을 가지고 많은 일을 실천하는 정부와 공무원이 절실히 필요하다. 정부는 주요 정책 현안에 대해 위원회를 만들어 책임을 분산하고 효율성을 떨어뜨리는 정책결정 방식을 지양해야 한다. 위원회가 꼭 필요한 경우에는 회의록을 공개하는 등 투명성을 높이는 조치가 필요하다. 민간위원들에게도 충분히 보상해 심도 있는 논의가 이뤄질 수 있는 기반을 만들고, 일몰제를 도입해 책임성을 강화해야 한다.

3. 등록금 논란의 불편한 진실3)

'반값 등록금' 문제로 온 나라가 한 달째 시끌시끌하다. 한나라당 황우여 원내대표가 대학생들의 등록금 절반을 국가재정으로 지원하는 정책을 추진하겠다고 발표하자 '원조 반값등록금당'을 자처하는 민주당은 이를 당론으로 결정하고 5,000억원의 추경예산을 편성해 2학기부터 저소득층부터 지원하겠다고 치고 나갔다. 하지만 여야 간 이견으로 6월 국회에서 추경예산안과 관련 법안이 처리될 가능성은 낮아 보인다.

우리나라 대학 등록금이 높기는 높다. 경제협력개발기구(OECD) 국가 중 우리나라가 미국 다음으로 높다고 하는데 우리나라는 사립대의 비중이 90%에 가깝지만 미국은 사립대의 비중이 30%를 약간 넘고 주립대도 교육의 질이 사립대와 같을 뿐 아니라 지역주민의 경우 등록금이 아주 저렴하기 때문에 실질적으로는 우리나라 등록금 수준이 OECD 국가 중 제일 높다고 할 수 있다.

우리나라 등록금은 지난 30여년 동안 두 번의 자율화 조치를 거쳐 10배 이상 올랐고 지난 10여년간 등록금은 소비자물가보다 국공립대는 3배, 사립대는 2배 올랐다.

---

3) 서울경제 〈시론〉 (2011. 6. 21)

대부분의 서구 유럽국가는 대학까지 무료이니 우리나라도 대학 등록금의 반을 지원해주자는 것이 무조건 포퓰리즘이라고 비난할 수는 없다. 연간 6조원 정도의 예산이 들어갈 것으로 예상되는데, 최근의 저축은행사태와 같이 정경유착으로 발생한 손실을 국가가 보존해줘야 하는 현실에서 국가 운영을 제대로만 한다면 연간 6조원의 예산이 큰 문제는 아닌 듯 하다.

그러나 국가재정의 효율적 운영 측면에서 보면 대학 등록금 보전에 연간 6조원의 예산을 투입하는 것은 문제의 소지가 있다.

우리나라의 현재 대학 진학률은 80%가 넘는다. 통계청이 최근 발표한 지난 2010년 인구주택총조사에 의하면 대학을 다니거나 졸업한 사람은 1,500만명에 이른다. 생산현장에서는 일할 사람을 구할 수 없어 외국인 노동자 60만명이 일하고 있고 신규 대졸자의 취업률이 40%를 약간 넘는 현실에서 현재와 같은 양적 팽창 위주의 대학정책을 지속해야 하는지 근본적으로 재검토해야 한다.

등록금의 반을 국가가 지원해 주자는 주장이 설득력을 얻는 현재의 상황을 초래한 원죄는 사실 정부에 있다. 정부는 1995년 규제완화 차원에서 대학 설립 준칙주의를 도입, 대학 수와 입학정원을 급속히 늘렸다. 1990년대 초반 100여개에 불과하던 대학이 2000년에는 190개를 넘었고 현재는 (1998년부터 대학 명칭을 쓰는 것을 허용받은 과거 전문대를 포함하여) 340여개를 넘어섰다.

대학을 퇴출하기란 상당히 어렵다. 교육기관이라는 특성도 있고 해당 대학 동문들의 반발도 불가피하다. 지방대학의 경우 해당 지역경제와도 밀접한 연관이 있다.

오는 2017년에는 수능 지원자가 현재의 대학입학 정원보다 적어지기 때문에 우리 대학들은 자연적인 구조조정에 들어가게 될 것이다. 설립준칙주의에 의거 무분별하게 대학 설립을 유도한 책임이 있는 국가가 나서서 구조조정을 적극적으로 독려해야 한다.

대학 등록금이 아무리 높다고 하더라도 졸업 후 취업이 된다면 큰 문제가 아니다. 학자금 융자제도를 이용해 졸업 후 빌린 학자금을 상환하면 된다.

하지만 졸업 후 1년이 넘어도 제대로 된 직장을 가지지 못한다면 지금 등록금의 반도 아까울 것이다. 우리 경제의 성장잠재력 등으로 볼 때 향후 우리 경제는 고등학교 졸업 후 80% 넘게 대학에 진학한 젊은이들이 대학을 졸업해도 원하는 일자리를 제공할 여력이 없다. 많은 대졸자가 대학에서 아무리 좋은 교육을 받더라도 이를 잘 활용할 수 있는 기회를 갖지 못할 것이다.

대학 등록금의 반을 세금 등으로 지원받았으면서도 졸업 후 원하는 직장을 얻을 수 없는 대졸자를 양산하는 것은 무책임하다. 대학 등록금의 반을 지원해주는 것도 좋지만 젊은 대졸자가 처한 현실을 사회 각계각층이 올바로 인식해 대학교육의 큰 틀을 다시 짜야 한다.

4. '전관예우'의 근원적 처방[4)]

정부는 지난 11일 국무회의에서 판검사, 공공기관의 변호사 등이 퇴직 전 1년간 근무하던 곳의 사건을 수임할 수 없도록 하는 변호사법 개정안을 통과시켰다. 국회 사법개혁위원회의 당초안은 3개월 유예기간을 두었으나 지난달 29일 국회 통과 과정에서 즉시 시행하는 것으로 바뀌었다. 우리 사회의 고질적 병폐인 '전관예우'에 대한 국민들의 매우 부정적인 정서를 고려한 것으로 보인다.

수정 변호사법은 17일이나 18일 관보에 게재되면서 효력이 발생하는데, 대법원과 법무부는 법 시행 전 판검사가 사표를 제출하더라도 수리하지 않을 방침이다. 실제로 법무부는 이미 사표를 제출한 재경 지검의 부장검사, 평검사의 사표를 처리하지 않고 있어 직업의 자유를 침해한다는 논란이 일고 있다. 전관예우의 특혜를 기대하고 있던 판검사 입장에서는 공무원으로 열심히

4) 국민일보 〈경제시평〉 (2011. 5. 15)

일한 얼종의 사후(事後)적 보상을 박탈당하는 것이어서 억울한 측면이 있기도 하다.

부실 저축은행과의 유착관계로 사회적 지탄이 된 금융감독원의 전관예우를 금지하는 법도 추진되고 있다. 한나라당 차명진 의원은 금융위원회, 금융감독원 직원들과 공무원 및 공직 유관 단체 임직원들이 퇴직일로부터 2년간 업무와 관련된 영리 민간 기업에 취업하는 것을 금지하는 내용의 법을 국회에 제출할 것을 공언하고 있다. 차 의원에 의하면 한나라당 소속 국회의원 99명이 관련법에 서명했다.

그러나 판검사 등 힘 있는 공무원의 전관예우라는 관행을 법으로 금지하는 이와 같은 조치의 실효성에 대해서는 회의적인 시각도 있다. 예컨대 판검사 출신 변호사가 법무법인에 소속돼 있으면서 소송대리인으로 이름을 올리지 않고 자문 활동을 통해 조력을 한다면 어떤 형태로든 지속될 수 있다. 또 판검사가 아닌 공무원의 민간 부문 진출을 제한하는 것이 국가 전체의 손익계산 측면에서 볼 때 바람직한 것인가 하는 의문도 있다. 해당 분야의 전문성을 활용하지 못하고 사장하는 것은 국가적으로 손해이기 때문이다.

금감원은 앞으로 금감원 출신을 감사 후보로 추천하지 않기로 했고 금융기관의 상근감사를 없애는 방법도 일각에서 추진되고 있는데 해당 분야의 전문인을 배제한, 그리고 (이미 제 역할을 제대로 하지 못하는 것으로 판명된) 사외이사로 구성된 감사위원회가 제대로 된 자체 감사 기능을 수행할 수 있을지도 의문이다.

공무원의 전관예우 관행이 근원적으로 치유되기 위해서는 우리나라 공직사회의 인사 관행 및 인사 시스템이 획기적으로 바뀌어야 한다. 우리 공직사회는 매우 폐쇄된 내부 노동시장을 가지고 있다. 어려운 시험을 통과한 소수에게만 진입의 기회가 있고, 치열한 승진 경쟁을 거쳐 탈락하는 경우 '후배를 위한 용퇴'라는 명분으로 자발적으로 퇴출할 것을 강요받고 있다. 정년이 보장된 공무원의 유관 공공기관이나 민간기업으로의 전직은 대부분 이와 같은 조기 퇴직의 보상으로 주어지는 것이다.

전직한 공무원은 자기를 받아들인 민간기업의 구성원으로 과거 직장인 감독기관에 무리한 청탁을 하고, 앞으로 언젠가는 민간기업으로 갈 수밖에 없는 현직 공무원은 선배의 청탁을 들어줄 수밖에 없는 사슬을 끊기 위해서는 공무원들이 큰 과오가 없으면서도 후배가 승진했다는 이유만으로 용퇴를 강요받는 인사 관행이 바뀌어야 한다. 이를 위해서는 입사 선배가 후배 밑에서 자연스럽게 일할 수 있도록 조직문화와 인사 시스템 개혁이 필요하다.

진입 장벽도 완화돼야 한다. 법학전문대학원을 통해 일정 자격이 있는 변호사들을 법률시장에 많이 공급하는 것은 법조계의 폐쇄된 '끼리끼리' 문화를 깨뜨릴 수 있는 궁극적인 대안이다. 금융감독권의 검사 독점권을 분산시키는 것도 중복검사의 폐해를 방지할 수 있는 대안과 함께 추진된다면 매우 바람직한 방안이다. 하지만 가장 확실한 처방은 퇴직 후 일정 기간은 벌어들일 수 있는 수입 액수를 제한하는 것이다.

5. 동반성장과 대기업의 진정성[5)]

최근 정운찬 동반성장위원회 위원장이 제시한 '초과이익공유제'를 둘러싼 논란이 뜨겁다. 이 제안은 대기업이 연초에 설정한 이익목표를 초과하여 실현한 이익에 대해서 협력 중소기업과 공유하도록 하는 것이 골자다. 정 위원장이 초과이익공유제의 구체적인 실행방안을 아직 제시하지 않았고, 동반성장 차원에서 대기업이 자발적으로 참여한다는 전제를 달았지만 재계의 반발은 매우 거세다.

삼성전자 이건희 회장이 "내가 어려서부터 기업가 집안에서 자랐고 학교에서도 경제학 공부를 했는데 그런 말은 들어보지도 못했다"며 "공산주의 국가에서 쓰는 말인지, 사회주의 국가에서

5) 국민일보 〈경제시평〉 (2011. 3. 20)

쓰는 말인지 모르겠다"고 정 위원장이 제시한 초과이익공유제에 대해 분명한 반대의사를 밝혔다. 미국 유수의 대학에서 박사학위를 따고 서울대 경제학과 교수를 지낸 후 서울대 총장까지 한 정 위원장에 대해 경제학 교과서에도 없는 내용이라며 강하게 비판한 것이다.

대기업 총수들이 모인 전경련 회의에서 이 회장의 작심한 듯한 초과이익공유제에 대한 강도 높은 비판에 대기업들은 공감을 넘어서 속이 후련한 듯하다. 사실 정부의 동반성장정책 기조 하에서 최근 대기업들의 속내는 매우 불편하다. 초과이익공유제 논란뿐 아니라 지난 11일 국회 본회의를 통과한 개정 하도급법에 따르면 대기업이 중소기업의 기술을 유용했을 때 법적 배상을 3배수까지 물리고(징벌적 손해배상제도 도입), 원하청업자 간에 하도급 대금 감액이 논란이 되었을 때 원사업자가 입증책임을 진다.

같은 날 통과된 상법 개정안은 제3자에게 회사 자산을 넘길 때 재적이사 3분의 2이상의 승인, 그리고 이사의 배우자 등과 거래시 이사회 승인을 받도록 하였다. 징벌적 손해배상제도를 도입한 하도급법은 위헌소지가 있고, 상법 개정에 따라 입법취지와 무관하게 소송 등이 남발될 것을 우려하고 있는 재계는 하도급법과 상법 개정이 1년 뒤 총선을 의식한 정치권의 포퓰리즘이라고 강하게 반발하고 있다. 자동차, 전자, 철강 등의 분야에서 세계 유수의 초일류기업을 이룩하여 나라 발전과 국가 경제에 기여하고 있는 대기업들은 초과이익공유제 논란, 징벌적 손해배상제 등 최근의 상황을 단순히 좌파적 발상이나 표를 의식한 포퓰리즘이라고 비난하기보다는 대기업에 대한 우리 사회의 부정적 평가를 획기적으로 개선하기 위한 자발적인 노력을 하는 계기로 활용하여야 한다.

초과이익공유제에 대해 필자는 취지에는 많은 공감을 하고 있다. 협력기업에 대한 대기업의 무리한 납품단가 인하 요구는 근절되지 않는 듯하고 대기업의 중소기업 기술의 유용문제는 위헌적 요소가 있다는 징벌적 손해배상제도까지 도입해야 하는 상황까지 만들었다. 우리와 비슷한 경제구조를 가지고 있고 우리 대기업들이 이미 기술적으로 상당히 접근했다고 자부하고 있는 일본의 경우 우리나라와 같이 대기업과 중소기업의 관계가 사회문제화된 것은 이미 과거의 이야기이다.

대기업 고용인원이 줄어들면서 강력한 노조의 압력에 밀려서 된 측면이 있지만 대기업, 중소기업 간의 임금격차는 갈수록 커지고 있다. 대기업, 중소기업 간 상생 협력이나 동반성장은 사회적 압력이나 법제도로는 근원적으로 해결될 수 없다. 정부 개입이나 통제는 궁극적으로 시장의 힘을 이길 수 없기 때문이다. 그러나 과도한 사회 불균형은 시장경제체제의 근간을 허무는 사회변화를 가져온다는 것이 과거의 경험이다.

우리나라의 많은 대기업들이 사회공헌 활동을 열심히 하고 있음에도 불구하고 대기업들의 사회적 책임 활동은 국민들에게 감동을 주지 못하고 있다. 1차적인 경제관계인 협력회사 관계에서 상생의 진정성이 부족하기 때문이다. 대기업들이 진정성을 가지고 협력 중소기업들과 상생할 길을 적극적으로 모색하여야 한다. 대기업들의 모임인 전경련도 재계의 이익을 대변하는 차원을 넘어서 국민경제의 관점에서 대기업의 역할을 모색하는 방안을 진지하게 고민하여야 한다.

6. 물가안정 복병은 임금[6)]

2008년 말 불어닥친 글로벌 금융 위기로 위기관리에 급급하던 정부가 5%대의 성장과 3%대의 물가 관리를 통해 올해를 경제 정상화의 원년으로 삼겠다고 했지만 연초부터 고물가, 고금리, 고환율의 '신3고' 현상이 나타나는 등 국내외에서 위험 요소들이 돌출하고 있다.

특히 물가 관리에 비상이 걸리고 있다. 국제 원자재 가격 동향을 나타내는 대표지수인 로이터-제프리 CRB지수는 지난 11일 기

6) 국민일보 〈경제시평〉 (2011. 2. 20)

준 337.78을 기록했다. 튀니지와 이집트 등 북아프리카와 중동 지역의 민주화 시위로 2008년 9월 30일 이래 최고치(지난 2일 343.80)를 보인 CRB지수가 330대를 지속적으로 넘고 있다. 호스니 무바라크의 퇴진으로 이집트 사태가 해결 국면으로 접어들자 최근 국제 원자재 가격이 소폭 하락했으나 미국의 양적완화 정책 등의 영향으로 원자재 시장에 몰린 국제투기세력은 쉽사리 물러나지 않을 전망이다.

올 1월 중국의 소비자물가 상승률이 5.4%로 29개월 만에 최고치를 기록할 것으로 전망돼 차이나인플레이션에 대한 우려도 확산되고 있다. 연초 기준금리를 0.25% 포인트 인상했던 한국은행이 두 달 연속 기준금리 인상으로 인한 부정적 영향을 우려해 지난 11일 열린 금융통화위원회에서 금리를 동결한 것에서 보듯이 770조원에 달하는 가계부채 부실화와 수출경쟁력 약화가 우려되는 상황에서 금리인상을 통한 물가관리도 쉽지 않다.

기름값, 통신요금, 대학등록금 등 가계 경제에 큰 부담을 주고 있는 민간요금에 대한 정부의 강력한 인하 유도 노력에도 민간부문의 협조가 잘 이뤄지지 않고 있다. 지식경제부 장관이 직접 기름값의 원가구조를 살펴보겠다고 할 정도로 인하 압력이 거세지만 정유업계는 기름값에 세금이 차지하는 비중이 너무 높다고 항변하고 있다.

통신요금 인하를 위해 통신비인가제 등 통신요금 가격결정구조를 바꾸겠다고 정부가 엄포를 놓고 있으나 설혹 통신업계가 요금을 인하해도 스마트폰 등 새로운 제품이 계속적으로 시장에 출하되는 상황에서는 가계의 통신비 부담이 크게 줄지는 않을 것이다.

올해 등록금을 3% 이상 인상하는 대학에는 정부의 대학교육역량강화사업에서 불이익을 주겠다는 정부 방침에도 불구하고 3% 이상 등록금을 인상한 4년제 사립대는 26개(지난 8일 현재)로 평균 3.5%를 올렸다. 많은 대학이 등록금 수입에 재정을 절대적으로 의존하고 있는 현실에서 2년 내지 3년 연속 등록금을 동결하기란 쉽지 않다. 교과부가 정부 권고보다 등록금을 더 인상한 대학에는 특별감사라도 해야 할 형편이다.

정부의 독과점 품목에 대한 가격 인하 압력은 원가상승에도 불구하고 대기업의 가격인상 자제 분위기를 불러왔으나, 역설적으로 대기업에 납품하는 중소기업들의 경영난을 악화시키고 있다.

올해 물가 안정의 최대 복병은 임금이다. 경제 위기가 성공적으로 극복되면서 많은 기업의 지난해 실적이 매우 좋았고, 지난 2년간 임금 동결 등 고통에 동참한 많은 근로자는 올해 임금교섭에서 높은 임금인상률을 요구할 것으로 전망된다. 실제로 공무원의 보수인상률도 5%를 넘고 있다. 특히 현 정부 들어 정책연대로 정부와 밀월관계를 가졌던 한국노총이 새로운 위원장의 선출과 함께 노동법의 전면개정을 요구하면서 투쟁할 것을 천명함에 따라 올해 노사관계가 다시 불안정해질 소지가 높다.

어느 나라나 임금인상이 물가상승으로 이어지고, 물가상승이 다시 임금인상으로 연결되는 악순환의 고리를 끊지 못하면 물가안정은 물론이고 경제기반이 무너진다는 것이 역사적 경험이다.

물가지수 관리에 치중한 각개 격파식의 물가관리정책보다는 물가안정에 대한 국민적 공감대를 바탕으로 한 총괄적인 물가정책이 필요한 시점이다. 특히 물가안정에 대한 노 · 사 · 정 합의를 이끌어내는 것이 필수적이다. 노 · 정 대화를 복원하려는 정부의 적극적인 노력과 투쟁보다는 대화와 협의로 문제를 풀어가려는 노동계의 자세 전환이 요구된다.

7. 복지포퓰리즘 경계를(Ⅱ)[7]

지난해 12월 27일자 본란에 복지포퓰리즘을 경계하여야 한다는 취지로 같은 제목의 글을 쓴 후 한 독자로부터 항의전화를 받았다. 기초생활수급대상자에 대한 각종 혜택을 금전적 가치로 환산하면 200만원이 된다고 쓴 대목에 대해 기존복지 축소를 합리화시킬 수 있는 논거가 될 수 있다는 항의였다.

---

7) 국민일보 〈경제시평〉 (2011. 1. 23)

물론 금전적 환산가치가 200만원에 이르는 경우는 극히 일부에 해당할 것이다. 대부분의 기초생활수급대상자는 아주 어려운 환경에 놓여 있기 때문이다. 항의전화를 건 독자도 암환자로 정부로부터 30여만원의 급여를 받고 있고 부족분은 형제들 도움을 받는다고 했다.

독자의 항의처럼 우리나라가 선진국의 문턱에 있다고 하나 아직 많은 국민이 복지의 사각지대에 있다. 필자의 막내아들이 다니는 비교적 부유하다는 분당지역의 고등학교에서도 가장의 실직 등으로 아파트와 같은 재산은 있으나 당장에 급식비를 낼 수 없는 학생이 적지 않다는 것을 알고 상당한 충격을 받았던 적이 있다.

복지가 정치인들에게는 매력적인 상품이 되는 이유도 바로 우리의 그런 복지현실 때문이다. 그러나 새로운 복지제도 도입은 우리 경제의 재정건전성, 즉 우리 경제가 공적복지 부여를 감내할 능력이 되는가를 먼저 고려하여야 한다. 일단 정착된 공적복지는 축소하거나 거두어들이기가 매우 어렵기 때문이다.

경제가 급성장한 1950 · 60년대 소위 '골든에이지(Golden Age)'에 보편적 복지를 확대한 많은 선진국들은 고령화, 경제 침체 등으로 재정이 어려워지자 기존의 복지혜택을 축소하고자 하고 있으나 정치적으로 많은 저항에 부딪히고 있다. 최근 영국에서는 정부가 대학생에 대한 학비 지원을 축소하려고 하자 시위 대학생들이 (영국 왕실이 국민의 사랑과 지지를 받고 있음에도 불구하고) 왕세자 부부가 탄 승용차에 투척을 하는 사건까지 발생하였다.

지난 교육감선거에서 무상급식을 들고 나와 재미를 봤다고 자평하는 민주당은 최근 무상급식, 무상의료에 이어 무상보육까지 당론으로 채택하고자 했다. 그러나 다행히도 재원 마련에 대해 일부 민주당 의원들이 이견을 제시하면서 유보된 상황이다.

민주당 추계에 의하면 5년 동안 단계적으로 입원진료비의 건강보험 부담률을 90%로 높이려면 연간 8조1000억원의 재정부담이 필요하다. 또한 어린이집이나 유치원을 이용하는 만 5세 이하의 아동에게 비용을 전액 지원하고 현재 시설을 이용하지 않는 차상위층과 만 2세 이하에 지급되는 양육지원수당을 만 5세 이하 아동 모두에게 지원하는 경우 연간 4조1000억원이 추가로 소요된다.

소위 '반값 등록금' 정책에는 3조2000억원이 소요된다. 무상급식에 필요한 1조원까지 합하면 민주당 추계를 따르더라도 (정부는 이보다는 더 많은 예산이 소요될 것이라고 주장하지만) 연간 16조원 이상의 예산이 필요하다.

가난한 사람이건 부자이건 이와 같은 무상복지혜택은 당장은 모두에게 달콤한 사탕이 되겠으나 우리의 재정상황을 보면 유럽과 같은 과다한 복지혜택으로 인한 경제위기가 우리에게도 올

수 있다.

2010년 현재 우리나라의 국가채무는 394조7000억원으로 GDP 대비 34.2%이다. 2000년 처음 100조원을 넘어선 후 급증세이다. 올해는 400조원을 넘어설 전망이다. 2018년 65세 이상 노인인구는 전체인구의 14%, 2026년에는 20%를 넘어선다고 한다. 취업인구 감소, 복지수요 급증 등을 감안하면 무조건적인 공적복지의 확대는 곤란하다.

야당이 무상복지 시리즈를 연달아 내놓고 복지가 정치 쟁점화된다는 사실은 국민들의 복지 욕구가 그만큼 강하다는 의미다. 여야의 정치적 이해관계를 떠나 우리나라 복지정책의 큰 틀을 각 사회구성원 간에 합의하고 그 안에서 개별적인 복지를 논하는 자세가 무엇보다도 필요한 시점이다.

8. 복지포퓰리즘 경계를[8)]

내년도 예산을 보면 복지예산은 당초 정부가 제출한 안보다 1214억원 증액된 86조4000억원이다. 총예산 대비 복지예산 비중은 28%로 역대 최고 수준이고 올해 대비 증가율은 6.3%로 총예산 증가율 5.5%보다 높다. 복지예산이 증액된 것은 국회의원들

8) 국민일보 〈경제시평〉 (2010. 12. 26)

이 18개월 앞으로 다가온 다음 총선을 의식해 노인, 장애인, 아동 등 취약계층 관련 지원을 대폭 확대했기 때문이다. 경로당 난방비 예산을 400억원 이상, 취약계층 주거환경 예산을 300억원 이상, 참전명예수당을 1000억원 가까이 올렸다.

우리나라 사회적 안전망은 매우 취약하다. 선진국 중 사회적 복지가 제일 약하다는 미국도 우리보다 든든한 사회적 안전망을 갖추고 있다. 실업급여만 해도 우리나라는 실직되기 이전 급여의 33% 수준이지만 미국은 45%가 넘는다. 우리의 실업급여 최고 한도는 고용보험 제도가 도입된 지 15년이 넘었지만 15% 정도 올라서 물가상승률을 감안하면 오히려 줄었다. 국민연금 혜택도 아직은 제한적이다. 우리의 사회안전망이 지금보다는 강화되어야 하나 이제 막 선진국 문턱에 진입하려는 우리로서는 복지 현실을 냉철히 점검하고 선진국의 복지정책 경험을 반면교사로 삼아 여야의 정치적 이익을 떠난 초국가적 복지정책의 기조를 정립해야 한다.

그러나 최근 정치 현실을 보면 복지정책이 잘못된 방향으로 흘러가고 있는 것 아닌가 하는 우려가 든다. 현재에도 무상급식을 놓고 벌어지는 여야 간 다툼과 힘겨루기가 교육 현장을 불안하게 하고 있다. 특히 최근 차기 유력 대권주자로 꼽히는 박근혜 의원이 개인의 생애주기에 맞추어 맞춤형 사회서비스를 제공하는 '한국형 복지국가' 건설을 국가 비전의 하나로 제시하자 야당은 "예산이 뒷받침되지 않은 복지는 공허한 주장에 불과하고 알맹이가 없는 립 서비스에 불과하다"고 폄하하는 등 2년여 남은 차기 대선에서 복지 이슈를 선점하기 위한 정치권의 다툼이 치열하다.

우리 사회의 상대적 박탈감은 1990년대 말 외환위기, 2000년대 말 글로벌 금융위기를 겪으면서 지속적으로 커지고 있다. 소득 상위 20%의 소득이 하위 20%의 소득에 비해 2003년에는 4.1배였으나 작년에는 4.9배로 높아졌다. 중위소득 50% 미만이 전체 소득에서 차지하는 비중은 2002년 10%에서 2009년 13%로 늘었다. 경제 전체에서 수도권이 차지하는 비중은 2009년 48.7%로 전년보다 0.6% 포인트 높아졌다. 국내 상위 100대 기업 출하액이 국민경제에서 차지하는 비중은 2008년에 50%를 넘어섰다.

대기업과 중소기업 간 격차, 정규직과 비정규직의 격차도 지속적으로 확대되거나 줄고 있지 않고 40 · 50대에 직장에서 밀려난 중장년층이 억지로 자영업자가 되는 상황에서 정부의 공적 복지 혜택에 대한 국민들의 요구는 갈수록 커질 것이며 이들의 표를 얻기 위해 여야 구분 없이 선심성 공약이나 정책을 남발할 가능성이 매우 크다. 자유민주주의 체제에서는 선거를 통해 국가 경영을 하는 자리가 결정되기 때문에 집권세력이나 차기 집권을 노리는 정치인들이 표를 의식해 포퓰리즘에 빠지는 것은 이해할 수 있는 측면이 있다.

그러나 공적 복지 혜택을 확대하기 전에 현재의 사회적 복지 구조를 합리화하는 노력을 우선하여야 한다. 기초생활수급대상자가 현금 보조와 함께 30여개 공적 기관으로부터 각종 혜택을 받고 있고, 현금 급여와 각종 혜택을 금전적 가치로 환산해 합하면 월 200만원이 된다는 현실은 취약하다는 우리의 사회보장 제도가 일대 혁신이 필요하다는 것을 보여준다.

고소득 노인에 대한 교통비 지원이 부적절하다는 발언을 한 국무총리가 진의가 잘못 전달되었다는 사과를 하고, 영국이 학비보조금 삭감에 대한 대학생들의 시위로 몸살을 앓고 있는 것에서 보듯 일단 높아진 복지 혜택을 낮추기는 매우 어렵다. 알맹이는 큰 차이가 없고 포장만 다른 공약을 내놓고 경쟁을 하거나 선택적 복지, 보편적 복지 가운데 어느 것이 우선인가를 놓고 소모적인 논쟁을 하기보다 새로운 사회적 복지 제도 도입은 전체적인 복지정책의 틀 안에서 국가의 재정부담 능력 등을 고려해 신중히 결정하여야 한다.

9. SSM 규제법 이후 과제[9)]

지난 25일 국회에서 '대중소기업 상생협력 촉진에 관한 법률

---

9) 국민일보 〈경제시평〉 (2010. 11. 28)

안'(상생법)이 찬성 254명, 기권 5명으로 표결처리되었다. 이 법으로 임대차비용, 내외장공사비, 비품설치비 등 총비용의 51% 이상을 대기업이 부담하는 가맹점 형태의 기업형 슈퍼마켓(SSM)이 일반 골목상권 진출에 제약을 받게 된다. 지난 10일 통과된 유통산업발전법(유통법), 즉 전통시장과 전통상점가 반경 500m 안에 대형마트와 대기업 직영 SSM을 들어오지 못하게 하는 법안에 이어 이번 상생법 통과로 지역 내 소상공인들은 신규 SSM 진출로 상권이 침해되고 경영이 어려워진다고 판단되면 정부에 사업조정을 신청할 수 있게 된다.

유통법과 상생법 통과로 지방자치단체들은 SSM 신규진입을 어렵게 하는 조례를 제정하고 있다. 강릉시는 지역유통산업의 전통과 보존을 위해 전통시장이나 전통상점가 경계로부터 직선거리 500m 이내의 전통상업보전구역을 지정할 수 있도록 했는데, 이 안에서 대규모점포 또는 준대규모 점포를 개설하는 경우 등록을 필요로 한다.

SSM 규제법의 통과로 지역 소상공인들은 지역상권이 보호받을 수 있다는 기대를, 대기업 유통업체는 유통산업의 발전이 저해될 것이라는 우려를 하고 있는데, 두 법의 통과 과정을 보면 SSM 규제법의 통과 이후가 더 걱정된다. 11월 10일 유통법 통과 이후 상생법의 통과가 확실시되자 많은 SSM 가맹점들이 소리 없이, 그리고 발 빠르게 설립됐다. 일부 지역에서는 개점 전날까지 현수막으로 SSM 건립 현장을 가리고 공사를 하는 도둑 개점도 하였다.

모 대형유통업체는 SSM 설립을 무력으로 저지하는 지역 중소상인들에게 수억원의 손해배상을 청구하였고, 전국소상공인단체연합회는 모 대형유통업체 회장의 발언을 문제 삼아 손해배상을 요구하는 소장을 제출하려 하는 등 소상공인들과 유통업체 간에 감정싸움이 격화되었다.

SSM과 중소상공인들 간의 사업조정은 법만으로는 해결될 수 없다. 규제대상이 되는 총경비의 51%이상을 대기업이 부담하는 가맹점 SSM의 경우 설립 경비의 몇 %를 대기업이 부담하는지 명확히 밝혀낼 수 있는 실효성이 있는 방법이 있을지도 의문이 든다. 눈속임 마케팅을 근절시키고 유통업체 간의 가격경쟁을 유도하기 위해 올 초 정부가 야심차게 추진한 오픈프라이스(판매업체 자율가격표시)제도와 같이 유명무실한 제도로 전락할 수 있다.

우리 경제의 자영업자 비중은 매우 높다. 2005년 기준 취업자 중 자영업자(무급가족 종사자 포함) 비중은 33.6%로 OECD 평균 14.4%의 배가 넘는다. 자영업자 비중이 높다는 것은 자영업자들이 상대적으로 영세하기 때문에 서비스산업이 선진화되어야 한다는 것으로 해석할 수 있고 이들에 대한 적정수준의 보호가 필요하다고 볼 수도 있다.

1997년 말 외환위기 이후 심화된 경제의 양극화 현상은 이후에도 그다지 개선되지 않았고 2008년 글로벌 금융위기로 인해 더욱 고착화되고 있다. 지난 9월 29일 정부 주도로 발표한 '대·중소기업 동반성장'의 정신에 입각하여 대규모 유통업체들이 무분별한 지역상권 진입을 자제하는 것이 필요하다. 지역 소상공인들의 몰락은 결국 우리사회의 양극화 현상을 더욱 심화시키고 경제 선진화 그 자체도 위협할 것이기 때문이다.

지식경제부 조사에 따르면 SSM 진출에도 불구하고 업종전환을 고려하지 않은 중소상인이 70%가 넘는다. 업종전환을 고려할 여유가 그만큼 없다는 이야기이다. 경기가 빠르게 회복하고 있으나 중소상인의 80%가 현재 점포 경영상황이 좋지 않다고, 개인슈퍼마켓을 포함한 소매업자의 88%가 경기에 대해 비관적이라고 응답하였다.

중소상인들도 적극적인 자구노력을 해야 한다. 정부는 생필품을 공동구매해 주는 '중소소매유통센터'를 설립하고 SSM과 경쟁할 수 있는 동네슈퍼 육성을 위해 향후 3년간 6000억원을 지원할 방침이다. 그러나 정부지원은 아무리 많아도 근본적인 대책은 될 수 없다.

10. 대 · 중소기업 동반성장하려면[10)]

지난 9월 29일 대통령이 주재한 국민경제대책회의에서 '대 · 중소기업 동반성장 대책'이 발표되었다. 정부는 앞으로 공정거래질서의 확립, 중소기업 사업영역의 보호 및 동반성장 전략의 확산, 중소기업 자생력의 강화 지원, 지속적인 추진 · 점검 체계의 구축 등의 4대 전략 기조 하에 15개의 정책과제를 추진해 나갈 계획이라고 한다.

대기업과 중소기업의 상생협력은 어느 정부에서나 최우선 과제 가운데 하나였으나 이번 정부 대책에는 중소기업의 입장에서 보면 상당히 반가운 여러 대안이 포함되어 있다. 중소기업협동조합이 중소기업을 대신하여 대기업에 납품단가 조정협의 신청을 할 수 있도록 한데다 패스트트랙(fast track) 제도를 도입하여 납품단가 조정이 신속하게 이루어질 수 있도록 하였다. 하도급법이 2차 이하 협력업체까지 확대되어 중소기업 간의 상생협력을 할 수 있는 기반도 구축된다. 대규모 유통회사들의 납품업체에 대한 부당한 행위를 규제하기 위해 '대규모 소매업 거래공정화법'이 제정되어 1만여 납품업체들에 대한 50여 개 대형 유통회사들의 부당 반품, 판매 수수료 부당 인상 등의 불

10) KERI 칼럼 (2010. 10. 21)

공정행위가 규제된다. 대기업이 중소기업의 영역에 과도하게 진입하는 것을 억제하기 위해 중소기업에 적합한 업종과 품목도 지정된다.

동반성장위원회가 발족되어 동반성장 추진계획의 이행실적을 점검하고 평가 결과에 따라 우수기업에게는 인센티브, 부진기업에게는 불이익을 줄 계획이다. 또한 청와대 경제수석을 반장으로 하는 동반성장 추진점검반이 매달 정부정책 추진상황을 점검할 계획이다. 특히 당초 약속한 납품대금을 감액하려고 하면 원사업자(대기업)가 감액사유를 반드시 입증해야 하고, 대기업이 중소기업의 기술을 탈취·유용했다는 논란이 있는 경우 대기업이 자신들의 고의나 과실이 없었다는 것을 입증하지 못하면 손해배상을 해주도록 한 것은 대기업과의 거래에서 중소기업들의 상대적 지위를 어느 정도 강화시켜 줄 것으로 보인다.

중소기업협동조합이 단가조정 협의를 신청만 할 뿐 직접 조정 교섭에 나설 수 없도록 한 것은 현재에도 필요한 경우 협동조합이 중소기업들을 대신하여 대기업과 단가조정을 비공식적으로 협의하는 경우가 있는 것을 고려하면 크게 기대할 게 없다는 반응이다. '패스트트랙' 또한 종전 30일에서 10일로 단축한 형식적인 조치이고 위반 시 강제조정이나 벌칙금의 강화가 없으므로 큰 효과가 없을 것이라는 주장도 제기되고 있다.

정부의 이번 대책에서 가장 논란이 되는 부분은 '중소기업적합

업종지정제도'이다. 2007년에 폐지된 특정업종에 대해 대기업의 진입을 규제하던 중소기업고유업종제도가 부활한 것으로 볼 수 있기 때문이다. 현재 대기업 이양권고 업종 582개 품목이 있지만 유명무실한 것이 현실이다. 벽을 만들어 대기업의 진입을 규제하는 것은 경쟁논리에서 보면 단기적으로 중소기업에게는 이익이 되겠지만 궁극적으로는 해당 업종 전체의 경쟁력을 떨어뜨릴 가능성이 매우 크다. 또한 외국의 대기업과 비교해 국내 대기업을 역차별하는 모순이 발생한다.

경제단체들과 주요 대기업들의 속내는 그다지 좋지 않은 듯하다. 하지만 앞을 다퉈 여러 중소기업 지원대책을 발표하고 있다. 정부가 대기업을 반강제적으로(?) 참여시킬 수밖에 없는 현실은 지난 몇 십년간 정부정책의 최우선 과제로 추진되어 온 우리나라 대·중소기업 상생협력의 현주소를 보여 준다.

2008년 말 리먼 브라더스의 파산으로 촉발된 금융위기에도 불구하고 우리나라 대기업들은 세계시장에서 약진하여 사상 초유의 수익을 올리고 있으나 대기업 성장과 수익의 과실이 중소기업으로 확산되고 있지 않은 현실이 시장경제를 지향하는 이명박 정부가 동반성장 대책을 주도적으로 추진할 수밖에 없도록 만들었다. 그러나 글로벌 경쟁시대에 정부의 지원만으로 우리나라 중소기업의 경쟁력이 강화되어 동반성장이 나타날 수는 없다.

우리나라의 기업 문화가 획기적으로 변화되어야 한다. 테일러주의(Taylorism)를 결합시킨 대량생산방식의 도입으로 20세기 초 생산방식의 혁명을 가져왔던 자동차왕 헨리포드는 지금은 인간의 노동 소외를 가져온 장본인으로 일부 학자들의 지탄을 받고 있지만 포드자동차회사 노동자의 처우를 획기적으로 개선시킨 혁신기업가이다. 1914년 1월 포드는 포드자동차 노동자들의 임금을 시간당 2달러50센트에서 5달러로 일시에 2배 인상시켰다. 시간당 2달러50센트의 급여로도 당시 포드자동차 공장에는 일을 얻기 위한 구직자들이 줄을 섰으나 연간 370%에 이르는 이직률, 10%에 이르는 결근율에 고심하던 포드는 노동자들의 집을 방문하면서 노동자의 대폭적인 처우 개선이 없이는 생산성 증가가 있을 수 없다는 판단에서 이와 같은 결정을 한 것이다. 2배의 임금은 재직기간이 6개월 이상인 근로자에게만 지급되었고 장기 근속자의 가정에는 감독관을 보내 고충사항을 해결하여 주었다.

글로벌 경제시대라고 하지만 최근 발생한 중국과 일본의 영토분쟁에서 중국이 전자제품 생산에 필수적인 희토류의 대일 수출을 금지시킨 사례에서 보듯이 국가의 의미는 오히려 더욱 중요해졌다. 우리나라 대기업이 글로벌 기업으로 더욱 성장하기 위해서는 탄탄한 국내 중소기업들의 뒷받침이 필요하다. 20세기 초 헨리포드가 노동자의 임금을 2배 올리는 혁신적 조치로 자동차 왕국을 건설하는 기반을 마련하였듯이 우리 대기업도 정부의 강요나 유도가 아닌 자발적인 상생협력을 적극적으로 해야 한다.

우리나라는 OECD 국가 중 자영업자의 비중이 가장 높은 국가 중의 하나이다. 우리나라보다 경제규모가 6배 이상 큰 일본의 중소기업 수는 우리보다 60%정도 밖에 많지 않고, 우리 경제 규모의 4배 이상인 독일의 중소기업 수는 우리보다 적다. 중소기업들 간의 과당경쟁을 할 수밖에 없는 구조 하에서 중소기업들의 고유의 특성화된 제품이나 서비스를 만들어내지 못하고 있는 실정이다.

일본 후쿠오카 근처의 온천휴양지인 유후인을 방문한 적이 있다. 역에서부터 온천장까지 수백 개의 조그만 가게와 식당들이 늘어서 있는데, 평소에 쇼핑을 극도로 싫어하는 필자도 몇 시간을 아주 재미있게 보냈다. 가게에서 파는 기념품들이 가게마다 달랐고 음식들도 음식점별로 특색이 있었다. 우리나라 유명 관광지인 경주나 설악산을 방문하면 모든 가게에서 파는 기념품들이 똑같고, 음식점들도 호객행위를 하여 손님을 불러들이는 것과는 매우 대조적이어서 우리나라와 일본의 중소기업의 경쟁력 차이를 보여주는 것 같았다. 정부에 기대기만 해서는 중소기업의 미래는 없다. 세계시장을 겨냥하는 강한 중소기업으로 성장하기 위해서는 극도의 자기 혁신 노력이 필요하다.

결론적으로 정부의 권유나 개입으로 대기업과 중소기업이 동반성장하는 것은 한계가 있다. 중소기업은 자기 혁신노력을 적극적으로 하고, 대기업은 강한 중소기업으로 발전할 수 있도록 지원하는 파트너십이 형성될 때 대기업, 중소기업 모두 성장하고 우리나라의 국가 경쟁력도 제고될 수 있다.

부록

신문사별 색인

❖ 경향신문

〈기사〉 공공 인턴 일부 정규직 의무 전환을/ 2010.5.11

❖ 국민일보

〈경제시평〉 非정규직, 比정규직/ 2011. 9.5

〈경제시평〉 복수노조와 비노조 경영/ 2011. 7. 24

〈경제시평〉 복수노조 시대의 개막/ 2011. 7. 10

〈경제시평〉 중고령자 고용 촉진을 위해/ 2011. 6. 12

〈경제시평〉 '전관예우'의 근원적 처방/ 2011. 5. 15

〈경제시평〉 고용창출은 대기업의 책무/ 2011. 4. 17

〈경제시평〉 동반성장과 대기업의 진정성/2011. 3. 20

〈경제시평〉 물가안정 복병은 임금/ 2011. 2. 20

〈경제시평〉 복지포퓰리즘 경계를(Ⅱ)/ 2011. 1. 23

〈경제시평〉 복지포퓰리즘 경계를/ 2010. 12. 26

〈경제시평〉 SSM 규제법 이후 과제/ 2010. 11. 28

〈경제시평〉 청년 일자리 해결하려면/ 2010. 10. 31

〈경제시평〉 외국인력 제대로 쓰려면/ 2010. 10. 3

〈시사풍향계〉 '근로시간면제' 연착륙을 위한 조건/ 2010. 8. 8

〈기사〉 [복수노조 관련 전문가 설문조사 (상)] 복수노조 금지 연혁…

상급단체 허용후 유예기간 2009년 종료/ 2009. 11. 29

〈기사〉 임태희 노동부장관 “노조전임자 임금지급 금지 합의 안되면 2010년 공·대기업부터 시행” 2009. 11. 26

〈기사〉 2010년 복수노조 시행 앞두고 경영계-노동단체 첨예 대립 / 2009. 11. 11

〈기사〉 지표·체계에 따라 중립 평가, 외부서 당부 전화 많이 받아/ 2009. 6. 19

❖ 노컷뉴스

〈기사〉 타임오프제, 전임자 급여 지급의 대안인가?/ 2009. 11. 12

〈기사〉 '노조전임자는 직원급여 1.5배' 기현상도/ 2009. 11. 11

❖ 뉴시스

〈기사〉 복수노조·전임자 13년째 '제자리걸음'…공익안은 '시큰둥'/ 2009. 9. 18

❖ 대전일보

〈기사〉 고용노동부, 사내하도급 근로조건 개선/ 2011. 8. 19

❖ 동아일보

〈기사〉 경제전문가 50명이 말하는 '고용 미스매치' 해결책은?/ 2010. 4. 13

〈기사〉 해외 경쟁사들은 고강도 구조조정 펼치는데…/2009. 5. 27

❖ 레이버투데이

〈기고〉 올해 노동정국 전망"타임오프 제도 허점 많아 …현장 혼란 극심할 것/ 2010. 1. 25

❖ 매일경제

〈기사〉 "잡셰어링 효과 임금삭감 함께 해야"/ 2009. 5. 8

❖ 머니투데이

〈기사〉 공기업 CEO "내가 사느냐, 노조가 사느냐"/ 2009. 9. 28

〈기사〉 공공기관장 평가 "뚜껑 열어보니 별거 없네"/ 2009. 6. 19

〈기사〉 토공 · 주공 등 경고장 받은 공기업 "내년 불안"/ 2009. 6. 19

〈기사〉 "공공기관 경고, 처벌적 성격 아니다"/ 2009. 6. 19

❖ 문화일보

〈기고〉 사내하도급 어떻게 풀 것인가/ 2011. 8.29

〈포럼〉 勞使 문제에 정치권 개입 말라/ 2011. 6. 24

〈기사〉 이번엔 '勞心포퓰리즘'… 시장해법 덧낸다/ 2011. 6. 23

〈기사〉 여야, 이번엔 親노동 포퓰리즘?/ 2011. 6.21

〈기사〉 〈G20을 넘어 글로벌리더로〉대립서 대화로… '머리 끈' 풀고 '노사협력 끈' 조여라/ 2010. 12. 20

〈포럼〉 불법파업 민·형사 책임 끝까지 물어야/ 2010. 11. 30

〈포럼〉 타임오프 위반 노사합의는 원천 무효/ 1010. 10. 25

〈포럼〉 타임오프 한도 적용, 예외 없어야/ 2010. 7. 27

〈포럼〉 타임오프 한도, 노사 모두 엄수해야/ 2010. 6. 23

〈기사〉 노조전임자 급여 자체해결 원칙 지켜야/ 2010. 4. 27

〈포럼〉 금호타이어노조, 구조조정 감수가 활로/ 2010. 4. 15

〈기고〉 노사관계 선진화, 공기업이 선도해야/ 2010. 3. 17

〈기사〉 〈'제3의길' 찾는 노동운동〉"기존 노총과 비교말라"… 희망연대 노동계 '태풍의 눈'으로/ 2010. 3. 8

〈포럼〉 현대차노조 상생선언, 실천이 중요/ 2010. 2. 26

〈포럼〉 공기업 인사 개혁 더 확산시켜야/ 2010. 1. 20

〈포럼〉 파업이 웅변하는 공기업 개혁 수요/ 2009. 12. 3

〈포럼〉 공기업 노조의 '배부른 연대 파업'/ 2009. 11. 6

〈기사〉 외국 어느 나라에도 없는 불합리한 관행/ 2009. 10. 23

〈기사〉 공무원노조 민노총 가입 자체가 불법/ 2009. 9. 29

〈포럼〉 노동 현안, 더 이상 외면해선 안된다/ 2009. 9. 22

〈포럼〉 파업 중심의 노동운동, 이젠 변해야/ 2009. 8. 21

〈기사〉 〈'파업만능주의'를 파업하라-上〉'피 터지는' 노조투쟁 재연땐 한국경제 피 마른다/ 2009. 8. 7

〈포럼〉 당정, '비정규직 문제' 직무유기 말라/ 2009. 7. 29

〈포럼〉 공무원노조, '시국선언' 발상 접으라/ 2009. 6. 24

〈포럼〉 공공기관 단체협약 과감히 수술해야/ 2009. 5. 16

❖ 서울경제

〈시론〉 등록금 논란의 불편한 진실/ 2011. 6. 21

〈기사〉 [막 오른 복수노조시대] "복수노조 흔들림 없이 추진해야"/ 2011. 6. 16

〈기사〉 사내하도급 가이드라인 이달 공개 물건너가/ 2011. 5. 15

〈시론〉 노사 경쟁력 평가 문제있다/ 2011. 5. 1

〈시론〉 비정규직 570만명의 예우/ 2011. 1. 25

〈시론〉 비정규직 고용 불안 해소법/ 2010. 8. 22

〈시론〉 미룰 수 없는 노동委 개혁/ 2010. 7. 26

〈기사〉 이만우 평가단장 "평가 세부화로 성과급 잔치 근절해야"/ 2009. 10. 20

❖ 세계일보

〈시론〉 제 3者가 왜 한진重 흔드나/ 2011. 7. 12

〈시론〉 어이없는 현대차 노조/ 2011. 4. 25

〈시론〉 타임오프제 정착되려면/ 2010. 5. 4

〈기사〉 개정안 뭘 담았나… 산별노조 교섭권 2년6개월간 보장/ 2009. 12. 30

〈기사〉 꼬여만 가는 노조법 개정/ 2009. 12. 15

〈시론〉 민주노총, 자기혁신 해야/ 2009. 12. 8

〈시론〉 공무원노조 현행법 지켜라/ 2009. 9. 23

〈시론〉 '발등의 불' 비정규직 올바른 해법/ 2009. 6. 15

❖ 아시아경제

〈기사〉 사내하도급 서포터즈 출범한다/ 2011. 8. 18

〈포럼〉 타임오프제, 근본취지 지켜야/ 2010. 5. 20

❖ 아시아투데이

〈기사〉 기업별노조 '타임오프' 각종 편법 동원 우려/ 2010. 5. 6

〈기사〉 대기업 전임자 대폭 축소...후폭풍 예고/ 2010. 5. 3

〈기사〉 [한국병 이제야 고친다] (6)전공노, 전교조 등 공무원노조 어떤 길 가나/ 2009. 12. 11

〈기사〉 [한국병 이제야 고친다] (4)-벼랑끝에 선 극렬 노동단체/ 2009. 12. 9

〈기사〉 복수노조 전임자 문제, 양대 노총 동상이몽?/ 2009. 10. 21

〈기획〉 [기획] 보혁 대충돌 기로에 선 노동운동 5./ 2009. 9. 29

❖ 아이뉴스24

〈기사〉 [앞과뒤]공공기관장 평가 ― 충성경쟁 평가?/ 2009. 6. 19

❖ 연합뉴스

〈기사〉 공공기관 선진화 "민영화 · 경쟁도입 미흡"/ 2011. 5. 2

〈기사〉 공공기관 경영평가단 일문일답/ 2010. 6. 14

〈기사〉 국회 '복수노조 · 전임자無賃' 토론회/ 2009. 11. 5

❖ 이데일리

〈기사〉 정부, 비정규직 문제 '손질'… 사내하도급 개선될까/ 2011. 7. 19

〈기사〉 원청업체 성과, 하청업체와 공유해야/ 2011. 5. 27

〈기사〉 車 업계, '비정규직' 필요하지만… 해법 못찾아/ 2011. 5. 19

〈기사〉 노동시장선진화위원회 25일 출범/ 2011. 1. 24

❖ 이투데이경제

〈기사〉 사내하도급 가이드라인 이행 민간 점검단 구성/ 2011. 8. 19

❖ 조선일보

〈시론〉 '제3 노총'이 '제1 노총' 되는 길/ 2011. 5. 5

〈시론〉 기업도 타임오프제 피해 갈 생각 말아야/ 2010. 6. 29

〈시론〉 노사정 합의, 연착륙이 문제다/ 2009. 12. 7

〈기고〉 복수노조 더 이상 미룰 수가 없다/ 2009. 11. 20

❖ 중앙일보

〈열린 광장〉 공적자금 들어간 금융권 연봉 또 올리나/ 2011. 7. 30

〈비즈칼럼〉 정부의 면책 수단된 '위원회'/ 2011. 7. 18

〈기사〉 방만한 경영 반성, 자구노력부터/ 2009. 6. 4

〈기사〉 3대 악재가 경제 회복 발목 잡나/ 2009. 6. 1

〈기사〉 노사 생산성 '만년 꼴지'인데 노조는 또 대규모 파업 준비 / 2009. 5. 21

〈기사〉 불법 쟁의에도 노조 전임자에게 민•형사 책임 못 물어/ 2009. 5. 7

❖ 쿠키뉴스

〈기사〉 복수노조 · 전임자 문제 팽팽한 토론…안개속 국면 계속/ 2009. 9. 18

❖ 파이낸셜뉴스

〈기사〉 임금이 물가안정 복병되나/ 2011. 3. 28

〈기사〉 [2010 UP KOREA] 노사 상생할때 버려야 할 '3가지'/ 2010. 1. 3

〈기사〉 현대차 무분규 합의.. 노사 '윈윈의 경제학'/ 2009. 12. 23

❖ 한국경제

〈시론〉 타임오프 토대다진 현대차 노사/ 2011. 9. 8

〈시론〉 주민도 노사도 원치 않는 '희망버스'/ 2011. 7. 27

〈기사〉 "무늬만 타임오프"…車업계, 올 임단협 '최대 복병'/ 2011. 6. 28

〈기고〉 국민적 합의 시급한 '사내하청'/ 2011. 6. 3

〈기사〉 "사내하도급 불법 판결로 글로벌 경쟁 어려워져"/ 2011. 5. 19

〈기사〉 [막 오른 복수노조시대] (上) "이념투쟁 지겹다" vs "어용노조 싫다"…'한 회사 두 노조' 속출/ 2011. 5. 1

〈시론〉 '해외 노무관리' 정부도 나서라/ 2010. 12. 14

〈기사〉 [사내하청 '불법' 논란] 도요타엔 합법인 '파견근로' 현대차는 불법…'이러고도 경쟁되나"/ 2010. 9. 30

〈시론〉 자동차산업 한단계 더 도약하려면/ 2010. 8. 26

〈기사〉 타임오프 무력화 투쟁 정치권이 부추겨/ 2010. 8. 2

〈시론〉 '근로시간면제' 도입취지 살려야/ 2010. 4. 28

〈시론〉 새 노동법 평가와 노사관계 전망/ 2010. 3. 17

〈시론〉 노사발전의 시금석 '타임오프제'/ 2010. 2. 10

〈시론〉 '상생' 지혜 발휘한 기아차 노사/ 2010. 1. 24

〈시론〉 '타임오프제' 노사정합의 흔들지 말라/ 2009. 12. 10

〈기사〉 [노조 전임자 임금 글로벌 스탠더드로] (下) 美·日, 사측이 노조 재정지원 하면 처벌한다/ 2009. 11. 27

〈기사〉 "복수노조 내년 시행하든 유보하든 票논리로 풀어선 안돼"/ 2009. 10. 27

〈시론〉 복지 챙기는 노조, 투쟁 나서는 노조/ 2009. 9. 27

〈기사〉 [新노조 시대] (5) '타임오프' 도입 논란… 재계 "현행 전임자 임금지급과 뭐가 다른가"/ 2009. 9. 24

〈기사〉 [新노조 시대] (1) 실리·상생을 찾아서…민노총 파업지침 내려도 현장선 냉담/ 2009. 9. 20

〈기사〉 [한반도선진화재단·한경 공동기획] 노사관계 선진화하려면/ 2009. 9. 1

〈시론〉 현대車 노조 '살려면 버려'/ 2009. 7. 1

〈좌담〉 공공기관 기관장들, 노조 권력에 질질 끌려다녀…/ 2009. 6. 21

〈기사〉 규모 상관없이 역량 평가에 역점/ 2009. 6. 19

〈기사〉 경제위기로 '노사공멸' 위기감 속 노노갈등까지 겹쳐/ 2009. 6. 14

❖ KERI 칼럼

〈기고〉 최저임금 결정방식 바꿔라/ 2011. 7. 18

〈기고〉 대·중소기업 동반성장하려면/ 2010. 10. 21

〈기고〉 완성차업체 사내하청 근로자관련 대법원 판결의 의미와 과제/ 2010. 8. 11

❖ 한국일보

〈한국시론〉 영원무역 사태의 교훈/ 2010. 12. 18

❖ 헤럴드

〈기사〉 무분규 기업엔 000가 있다/ 2011. 7. 25

〈기사〉 노조 황당한 '떼쓰기'…임단협 산 넘어 산/ 2011. 6. 29

〈기사〉 조합원 '명분' 보다 '실리' 선택/2010. 12. 15

〈기사〉 〈위기 이후…다시 뛰는 한국〉노사관계 재정립 남은 과제는/ 2010. 8. 12

〈기사〉 노조전임 무임금 유명무실 우려/ 2010. 4. 28

〈기사〉 타임오프마저 흔들리면…'新노사관계' 없다/ 2010. 4. 22

〈기사〉 "전임자 무임금 수용 불가" 車업계 파업 분위기 고조/ 2010. 4. 21
〈기사〉 올 車업계 임단협 앞두고 노조 경영권 참여 요구 '봇물'/ 2010. 4. 5
〈기사〉 강성노조 '머리띠' 풀고 잇단 '상생가'/ 2010. 3. 5
〈기사〉 [2010 산업계 5대 이슈]'노조법' 꺼지지 않은 시한폭탄/ 2010. 1. 4
〈기사〉 현대차 노사, 신뢰 첫 단추 꿨지만…/ 2009. 12. 24
〈기사〉 노조전임자 임금금지 복수노조와 별개/ 2009. 11. 26
〈기사〉 통공노 등돌리고…현대차는 외면하고…/ 2009. 11. 12
〈기사〉 복수노조 再유예는 법치주의 근간을 부정하는 격/ 2009. 10. 27
〈기사〉 복수노조 대체 어떻게 하란 건지…/ 2009.9. 30
〈기사〉 "무노-무임 원칙파괴" 경영계 반발/ 2009. 9. 28
〈기사〉 [좌담회] 접점없는 복수노조…이대로 시행땐 엄청난 후유증/ 2009. 9. 21
〈기사〉 복수노조 창구단일화 과반수대표제 유력/ 2009. 9. 18

박영범

1956년 서울에서 출생한 저자는 서울 고등학교를 졸업한 후 한국외국어대학에서 영어학과 경제학을 복수전공하고 미국 코넬대학에서 경제학 석사와 박사를 취득하였다.

1986년 박사학위 취득 후 국책연구기관인 산업연구원, 한국노동연구원에서 연구 활동 후 1997년 한성대학교 경제학과로 옮겼다. 2011년 10월부터 학교를 휴직하고 국무총리실 산하 경제·인문사회연구회 소속 국책 연구기관인 직업능력개발원 원장으로 재직중이다.

'전환기, 한국노동시장의 길을 묻다.', 2009(한성대 출판부), '해외진출기업의 고용관계 연구' 2010(한성대 출판부), 'Globalization and Employment Relations in the Korean Automotive Industry', A Study of Seven Countries, Bulletin of Comparative Labour Relations, 2008 (공저) 등 100여 편의 논문 및 저서가 있으며, 주로 노동시장, 노사관계, 공공부분 등과 관련된 연구 활동을 하였다.

한국노동경제학회 부회장, 한국노사관계학회 부회장(2012년 7월 회장 취임 예정), 고문 및 학회지 편집위원장, 한국규제학회 이사, 한국자동차산업학회 이사, 공기업학회 이사 등을 역임하였다.

노사정위원회 공익위원, 서울노동위원회 심판담당 공익위원(2009년까지), 노동부 자체평가위원회 위원장 등 노동 분야의 정부정책에 대해 활발한 자문활동을 하고 있다. 노동부 외에도 행정자치부, 교육인적자원부, 서울특별시의 정책자문위원을 역임하였다.

산업연구원 재직 시 감사원 공기업경영분석팀에 파견 근무한 것을 계기로 공공분야에 대한 연구 및 자문활동을 하고 있으며 기획재정부가 주관하는 공기업 및 공공기관 경영평가에 10여 차례 참여하였다.

국제노동기구(ILO), 경제협력개발기구(OECD), 세계은행(World Bank) 등 국제기구와 많은 공동연구를 수행하였다.

1998년 공기업 감사활동에 기여한 공로로 감사원장 표창, 2008년에 노사정대화 체제 구축에 기여한 공로로 대통령 표창을 받았다.

한성대 출판부에서 출간한 '전환기, 한국노동의 길을 묻다', '해외진출기업의 고용관계 연구'는 각각 2009년, 2010년 문화관광부 우수학술도서로 선정되었다.

노사, 비정규직 & 일자리

초판1쇄 인쇄 2012년 1월 30일

저　　자 박영범
발 행 인 정주택
발행한곳 한성대학교 출판부

우편주소 서울특별시 성북구 삼선동 2가 389번지
대표전화 (02) 760 / 4174
팩시밀리 (02) 760 / 5969

편집제작 **대자커뮤니케이션** | 대표(02) 2269-6724

ISBN 978-89-89101-90-1 93330 **정가** 15,000원